Knaur.

Über die Autorin:

Ursula Oppolzer studierte Biologie und Geographie für das Lehramt sowie Mathematik und Psychologie. Als selbständige Dozentin und Trainerin hat sie viele Jahre lang deutschlandweit Seminare und Fortbildungen u. a. zu den Themen Gedächtnismanagement, Lernpsychologie, Konzentration und Kreativität geleitet und erfolgreiche Bücher zu diesen Themen veröffentlicht.

Schon in der Schule fand sie Eselsbrücken zum Merken und Lernen äußerst praktisch – und kann sie bis heute brauchen, denn wenn man wie sie an der Nordseeküste wohnt, muss man die Ostfriesischen Inseln im Schlaf aufsagen können ... Kein Problem mit »Welcher Seemann liegt bei Nacht im Bett?« Und, wissen Sie, welche Inseln sich dahinter verbergen? Falls nicht: bitte Buch umdrehen.

Wangerooge, Spiekeroog, Langeoog, Baltrum, Norderney, Juist, Borkum

URSULA OPPOLZER

4-7-6
ROM WAR EX

265 alte und neue Eselsbrücken

Knaur Taschenbuch Verlag

Wichtiger Hinweis

Die im Buch veröffentlichten Ratschläge wurden von Verfasserin und Verlag mit größter Sorgfalt erarbeitet und geprüft. Eine Garantie kann jedoch nicht übernommen werden. Ebenso ist eine Haftung der Verfasserin bzw. des Verlags und seiner Beauftragten für Personen-, Sach- oder Vermögensschäden ausgeschlossen.

Besuchen Sie uns im Internet:
www.knaur.de

Originalausgabe Oktober 2009
Copyright © 2009 by Knaur Taschenbuch
Ein Unternehmen der Droemerschen Verlagsanstalt
Th. Knaur Nachf. GmbH & Co. KG, München.
Alle Rechte vorbehalten.
Das Werk darf – auch teilweise – nur mit Genehmigung
des Verlags wiedergegeben werden.
Umschlaggestaltung: ZERO Werbeagentur, München
Umschlagabbildung: FinePic®, München
Satz: Adobe InDesign im Verlag
Druck und Bindung: GGP Media GmbH, Pößneck
Printed in Germany
ISBN 978-3-426-79835-5

2 4 5 3 1

Für Elfie Gerber

INHALT

LIEBE LESERIN, LIEBER LESER,

sicher fallen Ihnen spontan ein paar klassische Eselsbrücken ein, wenn Sie an Ihre Schulzeit denken. Wer sich das sture »Pauken« von wichtigen Informationen erleichtern will, versucht häufig mit Hilfe von Gedankenbildern, Reimen, Wortspielen oder lustigen und teilweise auch ein wenig »verrückten« Verknüpfungen mit bekanntem Wissen dem Gedächtnis auf die Sprünge zu helfen. Auf den nachfolgenden Seiten können Sie wieder ein bisschen Schulluft schnuppern – im »Unterricht« in Sachen Eselsbrücken!

Der lateinische Ausdruck für Eselsbrücken lautet »pons asinorum«. Ein Blick ins etymologische Wörterbuch verrät, dass »pons asinorum« ursprünglich ein Ausdruck der scholastischen Philosophie war, die vom Mittelalter bis in die frühe Neuzeit unter den Gelehrten sehr verbreitet war. Er bezeichnete eigentlich eine schematische Zeichnung, die logische Begriffsverhältnisse veranschaulichte. Um Veranschaulichung bzw. Unterstützung geht es bei einer Eselsbrücke auch heute noch: Sie ist eine vereinfachende Gedächtnisstütze, eine Merkstrategie, um mit Hilfe ganz unterschiedlicher Techniken Informationen für Schule und Alltag so sicher zu speichern, dass sie jederzeit abrufbar sind.

Und wie kam es nun zu dem Begriff »Eselsbrücke«? Esel sind nicht nur sprichwörtlich »stur«, sondern auch sehr wasserscheu und weigern sich deshalb meistens, selbst kleinste Wasserläufe zu durchwaten. Daher baute man oft kleine Brücken, um den Esel mit seinen Lasten zum Ziel zu führen. Diese Brücken ermöglichen und erleichtern das Ankommen.

Schon Aristoteles beschäftigte sich in der Antike intensiv mit Gedächtnisforschung. Er erkannte, dass bildhafte Vorstellun-

gen und Emotionen das Abspeichern von Informationen ver-
bessern. So heißt es bis heute ganz richtig: »Ein Bild sagt
mehr als 1000 Worte.« Es ist viel leichter, sich Dinge zu merken, die man sich vorstellen kann, als abstrakte Begriffe. Dies
machen sich viele Eselsbrücken zunutze. Positive Gefühle er-
höhen zudem die Konzentration, intensivieren die Wahrneh-
mung und fördern die Merkfähigkeit. »Begeisterung ist das
halbe Lernen« – auch diese Erkenntnis hatte bereits der griechische Philosoph. Wenn Sie motiviert sind, sich also begeistert für etwas interessieren und sich dafür engagieren, werden
Sie alles leichter lernen, ganz nach dem Motto: »Einsatz ist
Merksatz!«
Hoffentlich blättern Sie also mit Schwung und Freude in den
kommenden Seiten. Sie können sich in Ihre Schulzeit zu-
rückversetzen und anhand des Stundenplans mehr oder weniger wichtige Fakten vor Ihrem geistigen Auge Revue pas-
sieren lassen, sich dabei an einige alte Eselsbrücken erinnern
und die vielen neuen unter die Lupe nehmen.
Zwischendurch erfahren Sie effektive Tipps und Tricks gegen die Vergesslichkeit und einige phantasievolle Gedächt-
nistechniken.
Am Schluss heißt es dann: Was ist hängengeblieben? Versuchen Sie sich am großen Abschlusstest, und erwerben Sie das
EBI (= Eselsbrücken-Reife). Das Gute daran: Sollte Ihr Ergebnis wider Erwarten nicht ganz so überzeugend ausfallen,
müssen Sie keine Ehrenrunde drehen – sondern dürfen einfach vorne noch einmal »spicken« …

Viel Spaß im »Unterricht« beim Memorieren und Wieder-
entdecken!

Ihre Ursula Oppolzer

MONTAG

1. Stunde: Biologie

MO	DI	MI	DO	FR
Biologie	Englisch	Politik	Chemie	Latein
Deutsch	Religion	Mathe	Sport	Deutsch
Musik	Kunst	Geschichte	Deutsch	Englisch
Mathe	Erdkunde	Physik	Biologie	Französisch
Hauswirtschaft	Verkehrs-erziehung	Gesundheit	Gartenpflege	Astronomie

SPANNENDES TIERLEBEN

In dieser Biologiestunde geht es darum, sich Tiernamen und Begriffe aus dem Tierreich mit Hilfe von Reimen und anderen Techniken leichter zu merken.

Elefantenherde
Afrikanische Elefanten haben l**a**nge Ohren,
indische Elefanten haben w**in**zige Ohren.

Um afrikanische und indische Elefanten nicht zu verwechseln, können Sie zunächst die Buchstabengleichheit von »afrikanisch – lang« bzw. »indisch – winzig« nutzen. Auch ein Bild hilft: Schlagen Sie sich auf eine Seite, und übertreiben Sie ein wenig. Sehen Sie z. B. den afrikanischen Elefanten in der Savanne etwas über das riesige Elefantengras mit überdimensionalen Ohren hinausragen.

Familienverhältnisse
Welpen sind die Hundekinder,
Kälber neugebor'ne Rinder,
und die Kleinen von den Pferden
nennt man **Fohlen** hier auf Erden.

Welpen heißen übrigens nicht nur die Hundekinder, sondern auch die Kinder von Wölfen und Füchsen.

REIMTECHNIK

Reime wie »4–7–6 – Rom war ex« und Lieder sind für unser Gehirn gut verdaulich. Sie werden leicht gelernt, regen die Vorstellungskraft an und sorgen für eine intensive »Verdrahtung« der Nervenzellen, also für eine optimale Basis für späteres Lernen.

Da bei Kleinkindern zunächst die rechte Gehirnhälfte, die unter anderem für Reime, Melodien, Phantasie und Kreativität zuständig ist, stärker entwickelt wird, bevor die linke Hirnhälfte für logisches Denken sorgt, fällt es ihnen leicht, auf Reime und Melodien zu reagieren.

Bei den meisten erwachsenen Menschen dominiert hingegen die logische linke Hirnhälfte. Für sie es ist daher besonders wichtig, so oft wie möglich wichtige Fakten zu reimen oder Sachverhalte mit einer bekannten Melodie zu unterlegen, um die rechte Hirnhälfte zu stärken.

Familie Reh

Die Frau des Reh**bock**s, Mama **Ricke**, lässt nie das **Kitz** aus ihrem Blicke.

Diese Eselsbrücke erläutert die richtigen Begriffe für Vater (= Bock), Mutter (= Ricke) und Kind (= Kitz) bei Rehen und Ziegen.

Vogel Strauß

Ein Tier, das weit und breit bekannt,
steckt gern den Kopf mal in den Sand,
ist Vogel, aber steigt nie auf –
der Strauß, ganz groß im Tempolauf.

Der Vogel Strauß ist der größte Vogel der Erde, der jedoch nicht fliegen kann, sondern nur laufen. Dafür aber ziemlich schnell, nämlich 70 km/Stunde.

Eichhörnchen

Ein Hörnchen auf der Eiche,
das schwingt sich wie ein »aig«.
Es liebt ein grünes Blätterreiche
und heißt auch manchmal Mike.

Der Name »Eichhörnchen« geht auf das altdeutsche Wort »aig« zurück, das »schwingen« oder auch »sich heftig bewegen« bedeutet.

Kamele sind sie alle

Doch mit **zweimal** »t«, das ist das **T**rampel**t**ier,
hat **zwei** Höcker hier.
Das Dromedar hingegen hat nur einen,
aber einen ganz besonders feinen.

Wenn Sie sich ein Dromedar mit einem Höcker vorstellen, wissen Sie umgekehrt sofort, wie ein Trampeltier ausschaut.

Spechtarten

In Bunt, in Rot, Schwarz, Grün und Grau,
in Mittel-, Klein- und Zwergenbau,
als Brut, wie Elstern, weiß am Rücken:
Familie Specht – famos im Schmücken.

Hier werden alle Spechtarten vorgestellt: Buntspecht, Rot-
specht, Schwarzspecht, Grünspecht, Grauspecht, Mittel-
specht, Kleinspecht, Zwergspecht und Weißrückenspecht. Es
fehlen: Dreizehenspecht und Wendehals.

Meisenarten

Mit Blaubart und mit Nonnenhaube,
Beutel, Schwanz, wie'n Specht im Laube,
im Kohl und Sumpf, auf Tannen, Weiden,
das Meisenvolk ist gut zu leiden.

Diese Eselsbrücke erläutert die unterschiedlichen, heimischen
Meisenarten: Blaumeise, Bartmeise, Nonnenmeise, Haubenmeise, Beutelmeise, Schwanzmeise, Spechtmeise, Sumpfmeise, Kohlmeise, Tannenmeise, Weidenmeise.

DIE MEISEN ALS FILMSTARS

Wenn Sie sich die einzelnen Meisen z. B. mit einem
blauen Bart oder einer Nonnenhaube vorstellen
und in Gedanken einen »Film« drehen, bei dem sich jede
Meise auf einem anderen Teil Ihres Körpers niederlässt, werden Sie die Meisenarten nie wieder vergessen.

Blauwal
Ein Riese in dem Weltenmeer,
bis 130 Tonnen schwer,
der Wassertiere Admiral
ist der Koloss, der blaue Wal.

Der Blauwal ist mit bis zu 30 Metern Länge und 130 Tonnen
Gewicht das größte lebende Tier der Welt.

 HAUSAUFGABE
Der Naturforscher Linné klassifizierte Pflanzen und Tiere
in: Reich, Stamm, Klasse, Ordnung, Familie, Gattung, Art.
Kreieren Sie eine Eselsbrücke zu diesem Schema. Sollte
Ihnen nicht gleich etwas Passendes einfallen, dann dre-
hen Sie das Buch um, und »spicken« Sie doch einfach.

Reiche, starke Klatschtanten ordnen familiäre garstige Angelegenheiten.
Und in der umgekehrten Reihenfolge: Ein **artiger Gatte** sorgt in der **Familie** für **Ordnung** und **Klasse** – ob im **Stamm** oder im **Reich.**

MONTAG

2. Stunde: Deutsch

MO	DI	MI	DO	FR
Biologie	Englisch	Politik	Chemie	Latein
Deutsch	Religion	Mathe	Sport	Deutsch
Musik	Kunst	Geschichte	Deutsch	Englisch
Mathe	Erdkunde	Physik	Biologie	Französisch
Hauswirtschaft	Verkehrs-erziehung	Gesundheit	Gartenpflege	Astronomie

KNIFFLIGE RECHTSCHREIBUNG

Hier führen Reime, Assoziationen, übereinstimmende Buchstaben und Hilfssätze Sie zur richtigen Rechtschreibung.

Alle Vokale
Fünf Kinder rufen laut mir zu:
Wir heißen »a«, »e«, »i«, »o«, »u«!

Dies ist nur eine der vielen Möglichkeiten, sich die Vokale oder Selbstlaute zu merken. Eine andere: Im Wort »Magermilchjoghurt« stecken alle fünf Vokale in der richtigen Reihenfolge.

Namenwörter ganz groß
Sei nicht dumm und merk dir bloß:
Namenwörter schreibt man groß.

Der Begriff Namenwort macht deutlich, dass Bezeichnungen, also »Namen« von Gegenständen, Tieren und Pflanzen immer großgeschrieben werden, z. B. Haus, Maus, Tulpe, …

SCHAFFEN SIE OPTIMALE VORAUSSETZUNGEN!
Ausreichend Schlaf, viel frische Luft, regelmäßige Bewegung und die richtige Ernährung sind die besten Voraussetzungen für ein gutes Gedächtnis.

Adjektive schreibt man klein!

Wörter, die enden auf »-ig«, »-sam«, »-los«, »-lich«, »-isch«,
»-voll«, »-bar« –
sind Adjektive, das ist klar.

Adjektive (auch Eigenschaftswörter genannt), schreibt man
klein und erkennt sie leicht an ihren Endungen: art**ig**, erhol-
sam, mühe**los**, ehr**lich**, kind**isch**, liebe**voll**, unschein**bar**, …

Eindeutig groß

Denke dran und sei kein Schaf,
Wörter mit »-heit«, »-keit«, »-ung« und »-schaft«
und auch mit »-tum«, »-nis«, »-chen« und »-lein«
schreibt man groß und niemals klein.

Hier einige Beispiele: Rein**heit**, Glückselig**keit**, Bewunde-
rung, Erb**schaft**, Eigen**tum**, Verhäng**nis**, Ent**chen**, Männ**lein**.

Kleine Wörter ganz groß

»-chen« und »-lein« machen ein Wort klein.
Doch hier sei nicht stehen geblieben –
diese Wörter werden großgeschrieben.

Enden Wörter auf »-chen« oder »-lein«, handelt es sich um
Verkleinerungsformen (z. B. »Schiffchen« statt »Schiff« oder
»Entlein» statt »Ente«). Trotzdem werden sie immer großge-
schrieben.

Lärche und Lerche
Der Baum, die Lärche, gleicht dem Bär.
Der Vogel Lerche sitzt auf der Erde.

»Ä« und »e« klingen hier fast gleich, und so kann es leicht zu Verwechslungen kommen.
Stellen Sie sich bei der Lärche vor, wie ein Bär einen Baum umarmt. Den Vogel Lerche hingegen schreibt man mit »e« wie »Erde«. In Ihrer Vorstellung sehen Sie die Lerche, wie sie auf der Erde sitzt und zwitschert.

Tiger
Den Tiger schreibe mit dem »i«.
Jedoch mit »ie« schreib ihn nie.

Wider – wieder
Wenn »wider« nur »dagegen« meint –
dann ist das »e« dem »i« stets Feind.
Wenn »wieder« nur »noch einmal« meint –
dann sind dort »i« und »e« vereint.

Das Wort »wieder« mit »ie« besagt, dass etwas mehrfach passiert. Das Wort »wider« ist gleichbedeutend mit »dagegen«. Beispiel: Ich bin wieder eingeschlafen, ganz wider meine Gewohnheit.

Gar nicht!
»Gar nicht« schreibt man gar nicht zusammen!

Das Wörtchen »gar« bedeutet »ganz«, »sehr«, »sogar« und wird immer getrennt geschrieben, so auch: gar kein, gar nichts, gar sehr, gar wohl.

. . . .

AUFGEKLÄRT!
Trenne nie »st«, denn das tut ihm weh!

Diese Regel gilt nach der neuesten Rechtschreibung nicht mehr! Trennte man früher am Zeilenende noch: »Ka-sten«, so ist mittlerweile »Kas-ten« korrekt.

. . . .

»tz« und »ck«
Nach »l«, »m«, »n«, »r«, das merke ja,
kommt nie »tz« und nie »ck«.

Alles klar? So heißt es z. B.: stelzen, Imker, denken, merken.

Die »Bettregel«
Eine Regel auch fürs Bett:
Nach »ei«, »au«, »eu« steht nie »tz«.

Wieder eine praktische Regel! So muss es heißen: reizen, Kauz, Kreuz.

Doppelt gemoppelt
Doppelmitlaut klingt im Ohr?
Kurzer Selbstlaut kommt davor.

Mitlaute (auch Konsonanten genannt) kommen dann in einem Wort doppelt vor, wenn der Selbstlaut (auch Vokal genannt) »a«, »e«, »i«, »o« oder »u« davor kurz gesprochen wird. Beispiel: hoppeln, Koppel, Matte, Wette, Wasser …

»s« und »ss«
Das »s« bei »das« muss einfach bleiben, kannst du dafür »dieses« oder »welches« schreiben.

Mit der Frage, ob »dass« oder »das« in einem Satz richtig ist, haben sich schon viele Generationen rumgeschlagen! Dieser Merksatz hilft. So heißt es: »Ich habe keine Lust, das (= diesen Text) noch einmal neu zu schreiben.« Aber umgekehrt: »Ich bin ärgerlich, dass du zu spät gekommen bist.«

Doppeltes »s«
Doppel-»s«, das weiß ich jetzt,
wird immer hinter einmal kurz gesetzt.

Ein doppeltes »s« finden Sie immer nach einem kurz gesprochenen Vokal. Beispiel: fassen, lassen, messen, küssen, Kuss, Bass, Fass.

Doppelkonsonanten
Einmal doppelt gemoppelt – immer doppelt gemoppelt!

Kommt in einem Wort ein Doppelkonsonant vor, dann finden Sie bei allen Wörtern dieser Wortfamilien Doppelkonsonanten wie: Fluss, flüssig, flussabwärts, Flüssigkeit.

Großschreibung nach »zum«
»Zum« hat einen Mantel um.

Wenn Sie sich vorstellen, wie das kleine »zum« in einen riesengroßen Mantel gehüllt ist, werden Sie diese Regel nie wieder vergessen. Hintergrund: Nach »zum« wird alles großgeschrieben, z. B.: Das ist zum Lachen!

Kommata
Kannst du Eigenschaftswörter mit »und« verbinden,
wirst du auch kein Komma finden.

Können Eigenschaftswörter (also Adjektive) mit »und« verbunden werden, so setzt man kein Komma. Beispiel: Der Brief ist schön kurz.

HAUSAUFGABE
Bilden Sie lustige Sätze mit möglichst vielen Wörtern, die ähnlich geschrieben werden: Wörter mit »ai« wie »Hai« und »Mai«. Wörter mit langem »i« wie »Josefine« und »Violine«. Wörter mit »V« wie »Vase« und »Vers«.

GROSSE PAUSE

Wer gehört zu wem?
Die Hero und auch der Leander,
die hatten gar nichts miteinander.
Das lag hauptsächlich an der Länge
und Breite der Meeresenge, die man,
hat man nicht grad gepennt,
als Hellespont von früher kennt.

Diese Eselsbrücke bezieht sich auf die tragische Geschichte aus der griechischen Mythologie: Hero und Leander lieben sich innig, doch die Eltern sind gegen diese Verbindung. So schwimmt Leander jede Nacht heimlich über den Hellespont zu seiner Geliebten, geleitet von einer Lampe, die Hero aufstellt. Als diese in einem Sturm erlischt, ertrinkt Leander orientierungslos. Am nächsten Morgen findet die verzweifelte Hero den Leichnam und stürzt sich daraufhin in die Fluten.

Berühmte Jazzmusiker
Papas **El**tern **a**rbeiten **cola**trinkend in der **da**menfreundlichen, **gi**gantischen **Y**ale University.

Jetzt kennen Sie einige der berühmtesten Jazzmusiker: Charlie **Par**ker, Duke **El**lington, Louis **Arm**strong, John **Col**tran, Miles **Da**vis, Dizzy **Gil**lespie und Lester **Y**oung.

MONTAG

3. Stunde: Musik

MO	DI	MI	DO	FR
				Latein
		Politik	Chemie	
Biologie	Englisch			Deutsch
		Mathe	Sport	
Deutsch	Religion			Englisch
		Geschichte	Deutsch	
Musik	Kunst			Französisch
		Physik	Biologie	
Mathe	Erdkunde			Astronomie
	Verkehrs-erziehung	Gesundheit	Gartenpflege	
Hauswirtschaft				

MIT MUSIK GEHT ALLES BESSER!

Üben ist in der Musik natürlich das A und O. Doch ohne ein bisschen Wissen geht es auch hierbei nicht …

Geigensaiten
Geh **d**u **a**lter **E**sel!

Geige ist die volkstümliche Bezeichnung für Violine. Ihre vier Saiten heißen G D A E.

Gitarrensaiten
Eine **a**lte **D**ame **g**eht **H**eringe **e**ssen.
Ein **A**nfänger **d**er **G**itarre **h**at **E**hrgeiz.

Diese phantasievollen Sätze helfen dabei, die Namen der sechs Gitarrenseiten E A D G H E zu behalten.

Bratschensaiten und Cellosaiten
Cäsar **g**enießt **d**ie **A**ustern.
Christiane **g**ießt **d**ie **A**maryllis.

Die Namen der Saiten von Bratsche und Cello heißen: C G D A. Allerdings sind die Saiten des Cellos eine Oktave tiefer gestimmt.

LERNEN SIE EIN INSTRUMENT!
Hören Sie nicht nur Musik, sondern lernen Sie ein (neues) Instrument spielen. Das erhöht Ihre Konzentration und fordert Ihr Gedächtnis. Beginnen Kinder bereits sehr früh ein Instrument zu spielen, so wird nicht nur ihr logisches Denken gefördert, sondern auch die mathematischen Fähigkeiten können sich stärker entwickeln. Kein Wunder also, dass Albert Einstein ein genialer Physiker *und* ausgezeichneter Geigenspieler war!

C-Dur-Tonleiter

Coole **d**eutsche **E**isenbahnschaffner **f**ahren **g**ern **a**b **H**auptbahnhof.

Die Töne der C-Dur-Tonleiter sind: C D E F G A H.

Notenlinien im Violinschlüssel

Eine **G**latze **h**at **d**er **F**riseur.
Ein **g**roßer **H**eld **d**arf **f**ideln.

Die fünf Notenlinien im Violinschlüssel heißen: E G H D F.

Zwischenräume

Fridolin **a**ß **C**ola-**E**is.
Fröhlich **a**m **C**ello **e**inschlafen.

Die Noten in den Zwischenräumen der Linien heißen: F A C E.

Die b-Tonarten
Frische **B**ananen **es**sen **A**sse **des ges**amten Affenreiches.

Mit dieser Eselsbrücke können Sie sich ganz leicht die b-Tonarten merken: F B ES AS DES GES.

Die Kreuztonarten
Geh **d**u **a**lter **E**sel **h**ole **F**isch.

Dieser Merksatz erleichtert das Einprägen der Kreuztonarten: G D A E H F.

Stimmlagen
So meckern **a**lte **Te**nnisspieler **ba**rfuß **ba**llspielend.

Die sechs Hauptstimmlagen der Sänger/Sängerinnen heißen: **So**pran, **Me**zzosopran, **A**lt, **Te**nor, **Ba**riton und **Ba**ss.

Pausenzeichen
Der ganze Schinken hängt oben, von der Decke,
der halbe, angeschnittene Schinken liegt unten auf dem Tisch.

Pausezeichen für eine halbe Pause liegen auf den Linien; die Zeichen für eine ganze Pause »hängen« bzw. liegen unter den Linien.

HÖREN SIE ÖFTER RADIO!
Hören Sie nicht nur Musik, sondern auch Hörspiele
und Hörbücher, und lassen Sie dabei Ihrer Phantasie freien
Lauf. Ihre rechte Hirnhälfte wird es Ihnen danken.

Klassischer Orchesteraufbau

Mit Bratschen links die ersten Geigen,
die zweiten rechts beim Cello-Reigen.
Dann an Harfen, Flöten, Klarinetten
sich Fagott, Oboen ketten,
nach rechts gefolgt von Hörnern, Bässen,
Trompeten immer links gesessen,
daneben Tuben und Posaunen,
ganz hinten Schlagzeug zu bestaunen.
Ganz vorn, auf hohem Postament,
steht schließlich noch der Dirigent.

Beim traditionellen Orchesteraufbau sieht der Zuhörer die
Instrumente, wie beschrieben. Bei moderner Anordnung sind
erste und zweite Violinen links, Celli und Bratschen rechts
vom Dirigenten.

Beethovens Klavierkonzerte

Cleopatra **b**ereitet **C**äsar **g**eschmackvolles **Es**sen.

Ludwig van Beethoven (1770–1827) hat fünf Klavierkonzerte
in dieser Reihenfolge komponiert: C-Dur 1795, B-Dur 1795,
c-Moll 1800, G-Dur 1805 sowie Es-Dur 1809.

Laut und leise

Die Maus lebt **piano** bis **pianissimo**,
der Spatz hingegen **forte** bis **fortissimo**.
Der Mensch – so mittendrin –
lebt **mezzoforte** vor sich hin.

Die fünf Lautstärken in der Musik heißen: fortissimo = sehr laut, forte = laut, mezzoforte = mittlere Lautstärke, piano = leise, pianissimo = sehr leise.

Puccini und seine Opern

Die **Tosca** und die **Turandot**
verlachten bürgerlichen Trott.
Genauso dachte **Butterfly** –
Manon Lescaut war auch dabei.
Sie alle schworen auf **Bohème**
und lebten flott und angenehm.

Der italienische Komponist Giacomo Puccini (1858–1924) schrieb viele Opern – in dieser Eselsbrücke verstecken sich seine fünf berühmtesten.

 HAUSAUFGABE
Kreieren Sie doch eine Merkhilfe für die wichtigsten Opern von Giuseppe Verdi: »Nabucco«, »Rigoletto«, »Der Troubadour«, »La Traviata«, »Aida«, »Don Carlos«, »Othello«, »Falstaff«, »Macbeth«, »Ein Maskenball« und »Die Macht des Schicksals«.

MONTAG

4. Stunde: Mathematik

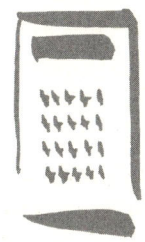

MO	DI	MI	DO	FR
				Latein
			Chemie	
	Englisch	Politik		Deutsch
Biologie			Sport	
	Religion	Mathe		Englisch
Deutsch			Deutsch	
	Kunst	Geschichte		Französisch
Musik			Biologie	
	Erdkunde	Physik		Astronomie
Mathe			Gartenpflege	
Hauswirtschaft	Verkehrs-erziehung	Gesundheit		

ALLERLEI GEOMETRISCHES

In dieser Geometriestunde befördern Reime und das bildhafte Vorstellungsvermögen Informationen ins Langzeitgedächtnis.

Strahlen und Strecken
Zwei Punkte begrenzen die Strecken,
die Strahlen sind einmal fixiert,
wo unbegrenzt Linien sich recken,
sind sie als Gerade definiert.

»Strecken« sind gerade Linien, mit einem Anfang und einem Ende. »Strahlen« sind gerade Linien, die nur einen Anfang haben und in einer Richtung unendlich sind. »Geraden« sind gerade Linien, die weder Anfang noch Ende besitzen, also nach zwei Seiten hin unendlich sind.

Kreiszahl Pi
May I have a large container of coffee right now, please?
3   1 4   1 5   9   2 6   5   3   6

Die zehn Nachkommazahlen der Kreiszahl Pi (= π) merken Sie sich, indem Sie sich diesen englischen Satz einprägen: Jedes Wort besteht aus der entsprechenden Anzahl der Buchstaben.

Kugelvolumen
Innen hat die Kugelei
vier Drittel Pi mal r hoch drei.

Die Formel zur Berechnung des Volumens V einer Kugel lautet: $V = \frac{4}{3}\pi\, r^3$. Man nimmt den Radius r dreimal mit sich selbst mal und multipliziert das Ergebnis mit $\frac{4}{3}\pi$.

Kugeloberfläche
Und was die Kugel auf dem Buckel hat
ist 4 mal Pi mal r².

Die Oberfläche O der Kugel berechnet man hingegen mit der folgenden Formel: $O = 4\pi\, r^2$.

HAUSAUFGABE
Der griechische Mathematiker Archimedes ist unter anderem der Erfinder des Flaschenzugs, der Infinitesimalrechnung, der Berechner der Zahl Pi, der Quadratwurzel und der Rotationskörper. Er entdeckte das Hebelgesetz, den Schwerpunkt, das spezifische Gewicht sowie die geneigte Ebene. Schreiben Sie ein kleines Gedicht, mit dessen Hilfe Sie nie wieder vergessen, was Archimedes alles gemacht hat.

Wenn Ihnen das Gedichteschreiben nicht ganz so sehr liegt, erfinden Sie eine Merkhilfe für den Satz des Pythagoras, indem Sie z. B. einen lustigen Satz erfinden.
Satz des Pythagoras $c^2 = a^2 + b^2$: Bei einem rechtwinkligen Dreieck ist die Summe der Kathetenquadrate gleich dem Hypotenusenquadrat.

 GROSSE PAUSE

Erfindungen in den 50er Jahren

Nylons – Zebrastreifen – Micky Maus – Persil – Nick Knatterton – Coca-Cola – Hula-Hoop – Babydoll – Isetta – Sammeltassen – Kreppsohlen – Milchbar – Petticoat – Kabinenroller – Sandmännchen – Musikbox.
Wenn Sie sich merken wollen, welche Dinge in den 50er Jahren erfunden wurden, drehen Sie in Gedanken einen kleinen phantasievollen Film, möglichst bunt und eindrucksvoll. So beispielsweise:

Nick Knatterton fährt in Kreppsohlen mit dem Kabinenroller zur nächsten Milchbar und geht an die Musikbox, während sich Micky Maus im rosa Babydoll mit Hula-Hoop die Zeit vertreibt und aus Sammeltassen Coca-Cola trinkt, bevor sie im persilgewaschenen weißen Petticoat mit der Isetta und Sandmännchen auf dem Rücksitz auch zur Milchbar fährt, aber kurz vorher am Zebrastreifen anhält und eine Dame in hauchdünnen Nylons die Straße überqueren lässt.

KETTENMETHODE
Bei dieser Methode werden die zu lernenden Begriffe wie die Glieder einer Kette so aneinandergehängt, dass die richtige Reihenfolge erhalten bleibt.
Beispiel: Ihr Weg von A nach B führt über: Bahnhof – Hotel – Park – Café – Teich – Schwäne – Kirche – Eiche.

Wenn Sie sich diese Orte genau in dieser Reihenfolge merken wollen, stellen Sie sich vor, wie Sie den Weg vom Anfang bis zum Ziel gehen.

Sie kommen am Bahnhof an. Sie stehen davor und sehen gegenüber ein edles Hotel. Sie gehen rechts am Hotel vorbei in einen Park, in dem Sie ein kleines Café zu einem Cappuccino einlädt. Sie sitzen auf der Terrasse direkt am Parkteich und beobachten die Schwäne. Sie hören die Kirchenglocken, schauen zum Kirchturm, stehen auf und gehen in dessen Richtung, um dort im Schatten einer alten Eiche auf Ihre Freundin zu warten.

Wichtig ist, sich nicht nur die einzelnen Begriffe vorzustellen, sondern praktisch einen »Film« zu drehen; mit der Kamera ganz langsam von einem Begriff zum nächsten zu schwenken, so dass die Begriffe wirklich miteinander »verknüpft« werden.

Diese Kettenmethode ist die Grundlage der Geschichtentechnik (siehe S. 67).

MONTAG

5./6. Stunde: Wahlpflicht-kurs Hauswirtschaft

MO	DI	MI	DO	FR
				Latein
		Politik	Chemie	
Biologie	Englisch			Deutsch
	Religion	Mathe	Sport	
Deutsch			Deutsch	Englisch
	Kunst	Geschichte		
Musik			Biologie	Französisch
	Erdkunde	Physik		
Mathe			Gartenpflege	Astronomie
	Verkehrs-erziehung	Gesundheit		
Hauswirtschaft				

PRAKTISCHES FÜR DEN HAUSHALT

Damit Sie in Küche und Haushalt perfekt werden, finden Sie im Folgenden ein paar pfiffige Tipps – wie immer ganz besonders leicht zu merken.

Rund um die Zitrone
Von der Zitrone etwas Saft,
gibt der Sahne Halt und Kraft.

Die Säure der Zitrone sorgt dafür, dass die Sahne beim Schlagen richtig steif wird.

Auf dem Parkett den Tintenfleck
bringt Zitrone wieder weg.

Die Säure der Zitrone löscht den Tintenfleck aus dem Parkett.

Die Zitrone hart gerollt,
ist dem Koch besonders hold.

Gerollte Zitronen und auch Orangen geben mehr Saft. Einfach mit der Hand kräftig auf einem festen Untergrund hin und her rollen.

Reis macht trocken
Ein paar Körner Reis im Fass,
Salz bleibt trocken, wird nicht nass.

Die Reiskörner trennen die Salzkristalle beim Schütteln des Salzstreuers immer wieder voneinander und die Luft trocknet sie.

Austern-Regel: »R-Regel«

Austern werden nur in den Monaten mit »R« gegessen: September, Oktober, November, Dezember, Januar, Februar, März, April.

· ·

AUFGEKLÄRT!

Diese Regel hat einen historischen Hintergrund, ist aber heute nicht mehr so streng gültig.

An der mangelhaften Kühltechnik liegt es jedenfalls nicht. Austernliebhaber bevorzugen seit Jahrhunderten rohe Austern in den Monaten mit »R«, weil in den Sommermonaten, während der Laichzeit der Austern, das Fleisch nicht so gut schmeckt. Ein weiterer Grund, warum in den Sommermonaten in den Ländern England, Frankreich und USA keine Austern gefischt werden, ist ein dort seit dem 18. Jahrhundert gültiges Gesetz, damit der Austernbestand sich in der warmen Jahreszeit wieder erholen kann.

· ·

Ei, Ei, Ei

Das Ei platzt niemals auf beim Kochen,
wird ein Loch zuvor gestochen.

Bei Erwärmung dehnt sich die Luft im Ei aus, und so kann die Schale beim Kochen platzen. Achtung: Nur wenn die Seite des Eies mit der Luftkammer angestochen wird, bleibt die Eischale heil.

Käse sucht Tuch
Käse bleibt frisch – mach den Versuch –
in einem salzig-feuchten Leinentuch.

Als es noch keinen Kühlschrank und keine Frischhaltefolien und -behälter gab, wickelten die Hausfrauen den Käse in ein salziges, feuchtes Leinentuch. Salz konserviert und die Feuchtigkeit des Leinentuches sorgt dafür, dass der Käse nicht austrocknet.

Leckere Vinaigrette
Viel Öl – wenig Essig.

Die Basis einer Vinaigrette besteht aus ⅓ Essig und ⅔ Öl. Zu diesen Grundzutaten kommen dann unterschiedlichste Gewürze und Kräuter hinzu.

MACHEN SIE KLEINE HÄPPCHEN!
Wenn Sie sich lange Texte oder viele Infos auf einmal merken müssen, unterteilen Sie sie in kleine Häppchen. Das spart Energie und erleichtert das Merken.

Mehlteig mag es kühl
Mehlteig wird, wie es gebührt,
immer kalt angerührt.

Wenn Mehlteig mit warmen Zutaten angerührt wird, klumpt er – daher vorher alles kühl stellen.

Weißwein oder Rotwein?
Heller Wein zu hellem Fleisch,
dunkler Wein zu dunklem Fleisch.

Zu Geflügel, Kalb und Schwein passt am besten Weißwein.
Zu Rindfleisch, Wild und Lamm reicht man Rotwein.

· ·

AUFGEKLÄRT!
Diese Weinregel gilt heute nicht mehr so streng. Wichtig ist
vielmehr, wie leicht oder schwer das Gericht zum Wein insgesamt zubereitet ist. Zu leichten Speisen passen leichte
Weine und zu fetten Speisen eher kräftige, körperreiche.

· ·

Klaviertasten ganz sauber
Laue Milch auf Elfenbein
gibt ihm wieder hellen Schein.

Die hellen Vordertasten des Klaviers werden mit Milch
schnell sauber und glänzend.

Fleckenwunder Bimsstein
Bimsstein nimmt gar manchen Fleck
von den Fingern wieder weg.

Bimsstein (von lat. pumex = »Lava«) ist ein helles, aus kiesel-
säure- und gasreicher Lava schaumig erstarrtes Gestein, das
Sie in jedem gut sortierten Haushaltswarengeschäft erwerben
können.

Pullover gut in Form
Nasse Pullover auf den Bügel,
so was verdient eine Tracht Prügel.

Nasse Wollsachen lassen sich leicht verformen. Hängen Sie einen nassen Pullover auf einen Bügel, so wandert die Flüssigkeit aufgrund der Schwerkraft nach unten. Der untere Teil wird immer schwerer – und der Pullover um viele Zentimeter länger. Daher trocknet man Wollsachen immer im Liegen.

Pelze = »Schattengewächse«
Pelze, das vergesse nicht,
verblassen schnell im Sonnenlicht.

Ultraviolettes Licht bleicht Farben aus. Somit verblassen nicht nur Pelze, sondern auch andere Kleidungsstücke, die in der Sonne trocknen – es sei denn, sie sind mit lichtechten Farben gefärbt. Umgekehrt kann man übrigens direktes Sonnenlicht zum Bleichen weißer Wäsche nutzen.

DER TASCHENTRICK
Wenn Sie in einer Konferenz, bei einer Diskussion oder bei einem Vortrag keinen Stichwortzettel benutzen wollen, probieren Sie es einmal mit dem »Taschentrick«. Legen Sie sich zu Hause ein paar kleine Gegenstände zurecht, die Sie leicht in Ihre Hosentasche oder Jackentasche stecken können: z. B. ein Centstück, einen Radiergummi, eine Büroklammer, ein Streichholz, ein Wattebällchen etc.

Nun nehmen Sie das Centstück in Ihre Hand, fühlen es und stellen sich das erste zu merkende Stichwort in Verbindung mit dem Cent vor. Sehen Sie in Gedanken ein Bild: »Stichwort mit Cent«. Dann nehmen Sie den Radiergummi in die Hand und verbinden in Gedanken Ihr zweites Stichwort mit dem Radiergummi etc.

Wenn Sie alle Stichwörter entsprechenden Gegenständen zugeordnet haben, können Sie die Gegenstände in Ihrer Hosentasche verschwinden lassen und gelassen zu Ihrem Meeting gehen. Sie werden keinen wichtigen Punkt vergessen, denn Sie brauchen nur die kleinen Gegenstände fühlen, und schon werden die Stichwörter auftauchen. Die Erinnerung kommt quasi »automatisch«, Sie werden ruhiger argumentieren oder referieren und vielleicht sogar bei Ihren Zuhörern Eindruck machen, weil Sie alle Infos jederzeit parat haben ...

Schirm trocknen
Ein Schirm, der nass nach Atem schnappt,
wird erst, wenn trocken, eingeklappt.

Schließen Sie einen Regenschirm direkt nach einem Regenspaziergang und stellen ihn in den Schirmständer, so wird es zu »Stockflecken«, sprich Schimmelbildung kommen. Daher den Schirm erst aufgespannt gut trocknen lassen.

Sinnvoller Fensterputz
Fensterputz und Sonnenschein,
bringt ja nur Enttäuschung ein!

Putzen Sie Fenster, wenn die Sonne auf das Glas scheint, bilden sich leicht Streifen und Schlieren. Daher besser bei bewölktem Himmel ans Werk gehen.

Essbesteck korrekt gedeckt

»Gabel« + »links« = je fünf Buchstaben
»Messer« + »rechts« = je sechs Buchstaben

Das Messer liegt immer rechts neben dem Teller, die Gabel links – damit Sie sich diese Regel besser merken können, denken Sie einfach an die Buchstabenanzahl der jeweiligen Worte!

HAUSAUFGABE

Versuchen Sie ein kleines Gedicht zu schreiben, in dem geklärt wird, wie die folgenden Flecken entfernt werden. Wenn Sie Ihre Reime auch noch mit einer bekannten Melodie unterlegen, können Sie mit Leichtigkeit zum Fleckenspezialisten werden.

- Obstflecken entfernt man mit reinem Alkohol.
- Fettflecken auf Büchern, Papier und auf Wolle sind Vergangenheit, wenn Sie die Flecken mit Kartoffelmehl bestreuen und dann mit einem warmen Bügeleisen bügeln.
- Bei Rostflecken hilft Zitronensaft.
- Kaffeeflecken können Sie, solange sie frisch sind, gut mit kaltem Wasser entfernen, sonst mit Glycerin.

DIENSTAG

1. Stunde: Englisch

MO	DI	MI	DO	FR
Biologie	Englisch	Politik	Chemie	Latein
Deutsch	Religion	Mathe	Sport	Deutsch
Musik	Kunst	Geschichte	Deutsch	Englisch
Mathe	Erdkunde	Physik	Biologie	Französisch
Hauswirtschaft	Verkehrs-erziehung	Gesundheit	Gartenpflege	Astronomie

ENGLISH SPELLING

Merken Sie sich die folgenden Eselsbrücken, und Sie werden
ein Profi in der englischen Rechtschreibung, die leider manchmal recht verwirrend sein kann.

»y« oder »ie« im Plural
Wenn es sich um den Plural handelt,
wird »y« in »ie« schnell verwandelt,
aber nach »a«, »e«, »o«, »u«
bleibt das »y« in Ruh.
Und als Beispiel merke dir
die folgenden Vokabeln hier:
story – stories,
baby – babies.
But: day – days,
toy – toys.

Im Englischen wird in der Mehrzahl normalerweise aus einem »y« ein »ie«. Ausnahmen sind jedoch die Worte, die auf
»ay«, »ey«, »oy« oder »uy« enden.

VOKABELN MIT BEWEGUNG
Merken Sie sich Vokabeln und wichtige Infos, indem Sie beim Lernen umhergehen. Bewegung stärkt das Gedächtnis enorm.

VOKABELN LERNEN KREATIV

Sprechen Sie englische Vokabeln einmal deutsch aus, und stellen Sie dazu eine Gedankenverbindung her. Dann verbinden Sie dieses Bild mit der Bedeutung der Vokabel. Beispiele:

»Kamingitter« – »grate« – »Fischgräte«:
Im Kamingitter steckt eine Gräte.

»Ziegel« – »brick« – »Brikett«:
Ein Haus wird nicht mit Ziegelsteinen gebaut, sondern mit schwarzen Briketts.

»Trödler« – »broker« – »zerbrochen«:
Der Trödler verkauft zerbrochene Sachen.

Zischlaute mit »es« im Plural

Es pluralt ja der Englischmann
mit schlichtem »s«, solang er kann.
Dem Zischlaut nur tut's »s« so weh,
drum dann im Plural nimm ein »e«.
Und als Beispiel merke dir
die folgenden Vokabeln hier:
match and matches,
watch and watches,
glass and glasses,
box and boxes.

In der Regel wird die englische Mehrzahl mit »s« gebildet, also »house« – »houses«, »puzzle« – »puzzles« etc. Wenn ein Substantiv allerdings mit einem Zischlaut wie »tch«, »ss« oder »x« endet, dann wird im Plural ein »es« angehängt.

»v« oder »f« im Plural
Ehefrauen und auch Messer
finden »v« im Plural besser.

Bei einigen englischen Vokabeln schreibt man im Singular
ein »f« und im Plural ein »v«. Beispiel: Ehefrauen = »wife«
im Singular bzw. »wives« im Plural; Messer = »knife« im
Singular bzw. »knives« im Plural.

»Lose« und »choose«
»Choose« chooses an »o«.
»Lose« loses an »o«.

»Choose« heißt im Englischen »wählen« und »lose« heißt
»verlieren«. »Choose« wählt ein »o« mehr, wird also mit
zwei »o« geschrieben – »lose« hingegen verliert ein »o«, hat
also nur eines.

NUTZEN SIE DIE SYMMETRIETECHNIK!
Hierbei geht es darum, schwierige Wörter mit Ihnen bereits bekannten leichten Wörtern, die gleich geschrieben werden, zu verbinden. Wenn Sie z. B. bei englischen Vokabeln immer wieder überlegen, ob ein Wort mit »ai«, »ie«
oder »ay« geschrieben wird, suchen Sie doch einmal nach
Wörtern, die ähnlich geschrieben werden, und kreieren Sie
lustige Sätze. Hier ein Beispiel:
I laid the maid onto the green floor, then I lay myself onto the
hay, and I never denied that this is all lied.

Mein und dein

»My« heißt »mein«,
»your« heißt »dein«,
»her« heißt »ihr«,
»his« heißt »sein«.

Mit dieser Eselsbrücke lernen Sie die englischen besitzanzeigenden Fürwörter (= Possessivpronomina) im Singular.

Apostroph-»s«

Nach »he« und »she«
das »s« summt sacht und lange.
Nach »it« hingegen zischt's
wie eine Schlange.

Im Englischen wird das »s« nach einem Apostroph unterschiedlich scharf ausgesprochen.

HAUSAUFGABE

Erfinden Sie eine Eselsbrücke, die Ihnen hilft, »become« = werden« und »get« = bekommen nicht zu verwechseln. Schlagen Sie sich dabei auf eine Seite. Wenn Sie sicher wissen, was »become« bedeutet, kommt es nie mehr zu Verwechslungen.
Vielleicht regt der folgende Witz Ihre Kreativität an ...
Ein Tourist bestellt in einem Londoner Restaurant eine Wurst und wartet und wartet. Als der Kellner wieder einmal vorbeikommt, fragt der Tourist: »When will I become a sausage?« Daraufhin der Kellner: »Never I hope, sir.«

DIENSTAG

2. Stunde: Religion

MO	DI	MI	DO	FR
Biologie	Englisch	Politik	Chemie	Latein
Deutsch	Religion	Mathe	Sport	Deutsch
Musik	Kunst	Geschichte	Deutsch	Englisch
Mathe	Erdkunde	Physik	Biologie	Französisch
Hauswirtschaft	Verkehrs-erziehung	Gesundheit	Gartenpflege	Astronomie

DIE BIBEL & CO.

Erinnern Sie sich noch an Ihre Religionsstunden? Kennen Sie sich im »Buch der Bücher«, also der Bibel aus? Ein paar Eselsbrücken helfen Ihnen beim Auffrischen bzw. Neu-Lernen!

Die Bücher des Alten Testaments
In des alten Bundes Schriften
merke dir an erster Stell':
Mose, Josua und **Richter,**
Ruth und zwei von **Samuel.**
Zwei **Könige, Chronik, Esra,**
Nehemia, Esther mit
Hiob, Psalter, dann die **Sprüche,**
Prediger und **Hohelied.**

Mit diesem Gedicht memorieren Sie die Reihenfolge der biblischen Bücher des Alten Testament (in der »klassischen« Luther-Bibel). Die fünf Bücher Mose (Genesis, Exodus, Levitikus, Numeri, Deuteronomium), Josua, Richter, Ruth, Samuel 1 und 2, Könige 1 und 2, Chronik 1 und 2, Esra, Nehemia, Esther, Hiob, die Psalmen, die Sprüche, Prediger und – zum Schluss – das Hohelied.

ACHTUNG, AUFNAHME!
Sprechen Sie wichtige Informationen, auf Kassette oder in den PC, und hören Sie den Text immer wieder ab. Dann lernen Sie das Relevante quasi »nebenbei«.

Heilige Drei Könige
Cassandra **m**ag **B**arockkirchen.

Die Heiligen Drei Könige heißen: Caspar, Melchior, Balthasar.

. . . .
AUFGEKLÄRT!
Die Buchstaben CMB sind ursprünglich die Abkürzung für
den lateinischen Segensspruch: »Christus mansionem bene-
dicat« in Deutsch: »Christus segne dieses Haus.« Diesen
Spruch bringen die Sternsinger um den 6. Januar herum
über vielen Haustüren an.
. . . .

Symbole der vier Evangelisten
ELSA:
Engel (Matthäus)
Löwe (Markus)
Stier (Lukas)
Adler (Johannes)

Als Evangelisten werden seit dem 3. Jahrhundert die vermut-
lichen Verfasser der vier Evangelien bezeichnet. Seit dem
4. Jahrhundert stellt man sie mit Sinnbildern dar.

Paulusbriefe
Römische **Kor**inthen **gal**ten **e**norm viel (= »**phil**«) bei den
kolossalen **Thess**alonichern.

Der Apostel Paulus schrieb etliche Briefe. Diese Eselsbrücke zählt die wichtigen auf: **Röm**er, **Kori**nther (1+2), **Gala**ter, **E**pheser, **Phili**ster, **Koloss**er, **Thessalonicher** (1+2).

Passionssonntage
In rechter Ordnung lerne Jesu Passion.

Die Passionssonntage zwischen Aschermittwoch und Ostern heißen: **I**nvocavit, **R**eminiscere, **O**culi, **L**aetare, **J**udica, **Pal**marum.

Luther und seine Zeit
17 vor und 17 nach
sind dem Luther seine Tach.

In der hessischen Mundart heißt es nicht »Tag«, sondern »Tach«. Hier geht es um die Zeiträume vor und nach 1500. 1500 minus 17 = 1483: Geburtstag des Reformators Martin Luther. 1500 plus 17 = 1517: Anschlag der 95 Thesen an die Kirchentür in Wittenberg.

HAUSAUFGABE
Erfinden Sie eine Merkhilfe, mit der Sie sich die zwölf Apostel gut einprägen können: Andreas, Bartholomäus, Jakobus d. Ä., Jakobus d. J., Johannes, Judas Ischariot, Matthäus, Philippus, Simon Petrus, Simon, Thaddäus und Thomas.
Nach dem Verrat Jesu durch Judas Ischariot rückte für ihn übrigens Matthias in den »Kreis der Zwölf« nach.

 GROSSE PAUSE

Wetterprophezeiungen

Morgenrot in Ost
bringt die beste Wetterpost.

Wenn der Himmel beim Sonnenaufgang rotfarben leuchtet, ist schönes Wetter zu erwarten.

Wenn die Schwalben Ende Juli schon ziehen,
sie vor baldiger Kälte fliehen.

Ziehen die Schwalben bereits im Juli Richtung Süden, kommt der Winter sehr früh und wird hart.

Wenn der März als Schaf kommt,
geht er als Wolf.

Ist es Anfang März bereits sehr warm, dürfte es Ende März wahrscheinlich noch einmal »grimmig wie ein Wolf«, also sehr kalt werden.

Je weißer die Schäfchen am Himmel gehen,
desto länger bleibt das Wetter schön.

Schäfchenwolken künden sonniges Wetter an.

**Wenn im Mai die Bienen schwärmen,
sollte man vor Freude lärmen.**

Scheint im Mai häufig die Sonne bei angenehmen Temperaturen, freuen sich nicht nur die dann besonders zahlreich vorhandenen Bienen – sondern auch der Bauer kann sich auf eine reiche Ernte im Herbst einstellen.

ZAHLWORTTECHNIK

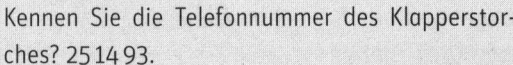

Kennen Sie die Telefonnummer des Klapperstorches? 25 14 93.
Wenn zwei in fünf Minuten eins sind, wissen Sie in vier Wochen, ob sie in neun Monaten zu dritt sein werden.

Sie können natürlich zu jeder Telefonnummer eine kleine lustige Geschichte erfinden. Nicht immer ist es jedoch so einfach wie bei der Klapperstorchnummer. Wenn Ihnen nicht gleich etwas Passendes einfällt, schreiben Sie von den Ziffern der zu merkenden Nummer den ersten oder die ersten beiden Buchstaben auf und versuchen dann, einen möglichst bildhaften Satz zu kreieren, in dem jedes Wort mit dem entsprechenden Buchstaben beginnt.

Beispiel: Nummer eines Vereinsvorsitzenden
 4 7 4 9 8
 V SI V NE A
Viele singende Vereinsmitglieder necken Anna.

DIENSTAG

3. Stunde: Kunst

MO	DI	MI	DO	FR
				Latein
			Chemie	
Biologie	Englisch	Politik		Deutsch
			Sport	
Deutsch	Religion	Mathe		Englisch
			Deutsch	
Musik	Kunst	Geschichte		Französisch
			Biologie	
Mathe	Erdkunde	Physik		Astronomie
	Verkehrs-erziehung	Gesundheit	Gartenpflege	
Hauswirtschaft				

BUNTE KUNST

Dieser Kunstunterricht dreht sich im weitesten Sinne um Bilder, und so geht es bei den Merkhilfen für Kunst auch immer wieder um Ihre Vorstellungskraft, um möglichst – im wahrsten Sinne des Wortes – »merk-würdige« Gedankenbilder.

Bekannte Motive in der Kunst

Malen Sie Ihre Gedankenbilder in möglichst bunten Farben, dann bleiben diese bekannten Sujets berühmter Künstler garantiert in Ihrem Gedächtnis haften:

Im **Sonnenblumen**feld steht ein **G**ockel.

Die **Sonnenblumen** bei Vincent van **Gog**h.

In einem Teich mit **Seerosen** spiegelt sich der **Mon**d.

Die **Seerosen** bei Claude **Mon**et.

Tänzerinnen tanzen mit **Deg**en in der Hand.

Die **Tänzerinnen** bei Edgar **Deg**as.

STEINTECHNIK

Wenn Sie auch zu den Menschen gehören, die im Urlaub Steine oder Muscheln sammeln, dann können Sie in Gedanken wichtige Termine und Erledigungen mit diesen Steinen oder Muscheln verbinden und dann auf Ihrem Schreibtisch aufreihen. Immer, wenn Sie etwas erledigt haben, nehmen Sie den entsprechenden Stein weg. Garantiert vergessen Sie nicht – auch wenn es noch so stressig zugeht –, Ihrem Partner den Blumenstrauß oder den gewünschten Gegenstand mitzubringen. Es ist ein wunderbares Gefühl, einen Stein zu entfernen und zu sehen, wie es immer weniger werden.

Stilelemente der Architektur

Sollten Sie zum Abendessen einen Architekten einladen, können Sie mit Hilfe dieser Eselsbrücken brillieren:

In **Rom** tragen die Menschen Hüte in **Würfel**form.

Für die **Rom**antik ist das **Würfel**kapitell typisch.

Spitze Bogen von **Blättern** umranken das **Got**teshaus.

Spitzbögen und **Blatt**kapitelle sind für die **Got**ik typisch.

Die Brücke
Die Brücke führt zu einer **Kirch**e aus **Ble**i, die von **rot**er **Luf**t umgeben ist und mit einer **Hecke** eingezäunt ist.

Die Künstlervereinigung »**Die Brücke**« (1905 in Dresden gegründet) war, wie »Der Blaue Reiter«, eine wichtige Gruppierung des deutschen Expressionismus. Die Gründungsmitglieder: Ernst Ludwig **Kirch**ner, Fritz **Bleyl**, Karl Schmidt-**Rottluff** und Erich **Heckel**.

Blauer Reiter
Marc und **Macke** in der blauen Jacke.
Kandinsky und **Jawlensky** auf den blauen Skiern.
Münter und **Werefkin** haben ein blaubemaltes Kinn.
Campendonk und **Klee** sitzen im blauen Schnee.

»Der Blaue Reiter« ist eine Künstlergruppe, die 1911 in München gegründet wurde. Der Name leitet sich von dem Almanach ab, den Wassily Kandinsky und Franz Marc 1912 in München herausgaben und der zu einer bedeutenden Programmschrift der Kunst des 20. Jahrhunderts wurde. Weitere Mitglieder waren unter anderem: August Macke, Alexej von Jawlensky, Gabriele Münter, Marianne von Werefkin und Heinrich Campendonk. Auch Paul Klee fühlte sich der Vereinigung verbunden.

Vertreter der Kunstepochen
Ein **Tischbein** in der **Klasse** ist länger.
Caspar David liest einen **Roman** über den **Fried**en.

Herr **Biedermeier** geht den Weg zu Fuß zur **Spitz**e.
Ein **Men**sch ist **Real**ität.

Folgende Vertreter gehören eindeutig zu diesen bekannten
Kunstepochen: Johann Heinrich Wilhelm **Tischbein** – **Klassi**-
zismus. **Caspar David Fried**rich – **Romant**ik. Carl **Spitz**-
weg – **Biedermeier**. Adolf **Menz**el – **Real**ismus.

NUTZEN SIE IHRE KREATIVITÄT!
Lassen Sie Ihrer Kreativität freien Lauf. Schreiben
Sie Gedichte! Malen Sie! Töpfern Sie! Erfinden Sie neue
Dinge oder neue Verwendungen für bereits vorhandene
Dinge! Je mehr Sie Ihre Phantasie anregen, desto besser
können Sie für Ihre zu merkenden Informationen Gedanken-
bilder malen und sie »merk-würdig« machen.

Komplementärfarben
In den Farbmodellen nach Johann Wolfgang von Goethe und
Johannes Itten, die man für künstlerische Zwecke nutzt, werden folgende Paare von Komplementärfarben gesetzt: Blau
und Orange, Rot und Grün, Gelb und Violett. So können Sie
sie sich merken:

Im **blauen** Meer schwimmen **Orangen**.
Auf der **grünen** Wiese wachsen **rote** Mohnblumen.
Im **gelben** Sonnenblumenfeld wachsen **violette** Fliederbüsche.

Welche Madonna?

Viele italienische Meister schufen eine Madonna:
Raffael die **Sixt**inische **Madonna**,
Tizian die **Pes**aro **Madonna**,
Leonardo da Vinci die **Felsgrottenmadonna**.
Damit Sie nicht verwechseln, wer welche malte, malen Sie jetzt Gedankenbilder!

Raffael leiht sich ein Auto bei **Sixt** und transportiert darin eine **Madonna**.
Tizian zahlt viele **Pes**eten für eine **Madonna**.
Leonardo da Vinci bringt seine **Madonna** in eine **Felsengrotte**.

HAUSAUFGABE

Der niederländische Maler, Radierer und Zeichner Rembrandt van Rijn wurde 1606 in Leiden geboren und starb 1669 als einer der bedeutendsten Künstler des Barock. Erfinden Sie eine interessante, phantasievolle Geschichte, in der die Informationen und die Titel der nachstehenden Werke Rembrandts vorkommen: Die Nachtwache – Die Anatomie des Dr. Tulp – Die Blendung Simsons – Die Rückkehr des verlorenen Sohnes – Der Segen Jakobs.

DIENSTAG

4. Stunde: Erdkunde

MO	DI	MI	DO	FR
				Latein
			Chemie	
	Englisch	Politik		Deutsch
Biologie			Sport	
	Religion	Mathe		Englisch
Deutsch			Deutsch	
	Kunst	Geschichte		Französisch
Musik			Biologie	
	Erdkunde	Physik		Astronomie
Mathe			Gartenpflege	
	Verkehrs-erziehung	Gesundheit		
Hauswirtschaft				

STADT, LAND UND ANDERE PHÄNOMENE

In dieser Erdkundestunde können Sie die Erde erkunden, in erster Linie jedoch Deutschland, und zwar vor allem mit kleinen Gedichten.

Wo entspringt die Weser?

Wo Werra sich und Fulda küssen,
sie ihren Namen büßen müssen,
und es entsteht durch diesen Kuss
der Weserfluss.

Natürlich, die Weser entspringt nicht, sondern entsteht aus dem Zusammenfluss der zwei Flüsse Werra und Fulda. Dieser Vers steht auf dem »Weserstein« von 1899 in Hannoversch Münden.

Nebenflüsse der Donau

Iller, Lech, Isar, Inn,
fließen rechts zur Donau hin.
Altmühl, Naab und Regen
komm'n ihr von links entgegen.

Die Donau fließt von Westen nach Osten. Vier Flüsse kommen von »rechts« und somit vom Süden, drei Flüsse kommen von »links«, also vom Norden zur Donau.

Quellflüsse der Donau
Brigach und Breg bringen die Donau zuweg.

Die Donau ist mit 2850 Kilometern der zweitlängste Fluss Europas nach der Wolga. Sie »entspringt« im Schwarzwald. Ihre beiden Quellflüsse Brigach und Breg vereinigen sich in Donaueschingen.

Flüsse im Spessart
Kinzig, Sinn und Main
schließen schnell den Spessart ein.

Der Spessart ist ein Mittelgebirge zwischen Vogelsberg, Rhön und Odenwald. Als Grenze zwischen Spessart und Oden-wald gilt das Durchbruchstal des Mains (Mainviereck). Die Flüsse des Spessarts sind Kinzig, Sinn und Main.

KEINE PANIK!
Geraten Sie bei einem Vortrag ins Stocken und lässt Sie Ihre Erinnerung plötzlich im Stich, bleiben Sie ganz gelassen. Nur Sie wissen, was Sie eigentlich als Nächstes sagen wollten. Sprechen Sie über einen anderen Punkt, wenn möglich bewegen Sie sich (um das Adrenalin abzubauen). Sollte die Information trotzdem nicht wieder auftauchen oder haben Sie tatsächlich den Faden verloren, sagen Sie es. Die meisten Menschen können sich in diese Situation hineindenken und Ihnen nimmt es den Druck. In den meisten Fällen wissen Sie plötzlich wieder, was Sie sagen wollten.

Flüsse im Hunsrück

**Mosel, Saar, Nahe, Rhein
schließen rings den Hunsrück ein.**

Der Hunsrück ist der Südwestflügel des Rheinischen Schiefergebirges zwischen Mosel und Nahe, die linksrheinische Fortsetzung des Taunus bis zur Saar. Die Flüsse, die den Hunsrück einschließen, sind Mosel, Saar, Nahe und Rhein.

Die fünf größten deutschen Inseln

Rüdiger und Ferdinand sind Förster.

Die fünf größten deutschen Inseln, die auch als Urlaubsziele beliebt sind, heißen: **R**ügen, **U**sedom und **Fe**hmarn in der Ostsee und **S**ylt und **Fö**hr in der Nordsee.

VERGESSEN KANN MAN VERSCHLAFEN!

Wenn Sie sich am Abend noch einmal die gemerkten Infos ins Gedächtnis rufen, ist die Wahrscheinlichkeit, dass diese Infos im Langzeitgedächtnis landen, während Sie schlafen, außerordentlich groß.

Ostfriesische Inseln

Welcher Seemann liegt bei Nacht im Bett?

Die Ostfriesischen Inseln von Ost nach West: **W**angerooge, **S**piekeroog, **L**angeoog, **B**altrum, **N**orderney, **J**uist, **B**orkum.

Die sechs größten deutschen Städte
Berliner **Hamburg**er müssen **körnige Frankfurt**er **essen**.

Die meisten Einwohner haben (in dieser Reihenfolge): **Berlin, Hamburg, München, Köln, Frankfurt** und **Essen**.

Baltische Staaten
Esten **re**den **le**icht **ri**chtig **lit**erarische **Wit**ze.

Die baltischen Staaten von Norden nach Süden heißen **Est**land, **Lett**land, **Lit**auen. Zu ihnen gehören die Hauptstädte: **R**eval, **Ri**ga und **Wi**lna – in der Eselsbrücke in jedem zweiten Wort »versteckt«.

. . . .

AUFGEKLÄRT!
Der korrekte Name der Hauptstadt von Estland lautet heute Tallinn statt Reval! Den alten Namen können Sie jedoch noch in historischen Dokumenten lesen.

. . . .

Luv und Lee
Luv ist **Lu**ft.
Lee ist **lee**r.

Diese Information ist beim Segeln besonders wichtig: Luv ist die dem Wind zugekehrte Seite, Lee die dem Wind abgekehrte Seite.

Komplizierte Cirruswolken

Bei Frauen und bei Cirren kann man sich schon mal irren.

Cirren künden im Regelfall von einer herannahenden Warmfront, die Landregen mit sich bringt – es muss aber nicht unbedingt so sein.

Hurrikan-Saison

June too soon
July be shy
August must
September remember
October – over.

Tropische Wirbelstürme entstehen in der Karibik üblicherweise zwischen Juli und September. Im Juni ist es noch zu früh für einen Hurrikan, und im Oktober ist die gefährliche Zeit vorbei. Ein Hurrikan im September ist hingegen häufig so stark, dass man sich an ihn auf jeden Fall erinnert.

HAUSAUFGABE

Merken Sie sich die folgenden Wolken mit einem entsprechenden Merkspruch: Cirrus = Federwolke; Cirrostratus = dünner, weißer Eiswolkenschleier; Cirrocumulus = feine Schäfchenwolke; Altokumulus = höhere, gröbere Schäfchenwolke; Altostratus = graue oder bläuliche gleichmäßige Wolkenschicht; Nimbostratus = gleichmäßig graue bis dunkelgraue Wolkenschicht; Stratocumulus = tiefe grobe Schäfchenwolke.

GROSSE PAUSE

Filme der 50er Jahre
Der **falsche General** »**Othello**« steht auf der **Brücke am Kwai**, isst **wilde Erdbeeren** und träumt von einem **Schwarzwaldmädel**, das mit einem Amerikaner in **Paris die Flitterwochen** verbringt.

Glänzen Sie auf jeder Party als Filmkenner der 50er Jahre: »Ein Amerikaner in Paris« von Vincente Minnelli – »Othello« von Orson Welles – »Wilde Erdbeeren« von Ingmar Bergman – »Die Brücke am Kwai« von David Lean – »Schwarzwaldmädel« von Hans Deppe – »Der falsche General« von Roberto Rossellini.

GESCHICHTENTECHNIK

Sie merken sich Begriffslisten ganz leicht, wenn Sie die Begriffe nicht nur wie bei der Kettenmethode (siehe S. 34) aneinanderhängen, sondern eine kleine Geschichte erfinden, die Begriffe somit untereinander verknüpfen und sie emotional »aufladen«. Dabei ist es ganz wichtig, in Gedanken einen kleinen »Film« zu drehen.

Beispiel: Für eine Hochzeitsfeier müssen Sie an die folgenden Utensilien denken: Flugzeugtickets – Kleid – Schuhe – Schmuck. Ihre Geschichte: Ein Brautpaar steht an einem Schalter und zeigt seine Flugzeugtickets vor. Einen Kleidersack, der mit einer glitzenden Perlenkette zusammengebunden ist, hat die Braut in der linken Hand, einen vollgepackten Koffer in der rechten, aus dessen Ritze eine Schuhspitze hervorschaut.

DIENSTAG

5./6. Stunde: Wahlpflicht-kurs Verkehrserziehung

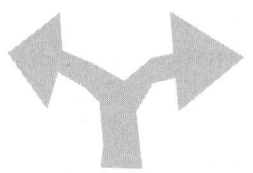

MO	DI	MI	DO	FR
Biologie	Englisch	Politik	Chemie	Latein
Deutsch	Religion	Mathe	Sport	Deutsch
Musik	Kunst	Geschichte	Deutsch	Englisch
Mathe	Erdkunde	Physik	Biologie	Französisch
Hauswirtschaft	Verkehrs-erziehung	Gesundheit	Gartenpflege	Astronomie

SICHER IM VERKEHR

Einige dieser Eselsbrücken sind für Kinder. Für Sie sind sie zum Schmunzeln, da Sie auf diesem Gebiet bestimmt ein Profi sind. Oder vielleicht geben Sie sie auch weiter?

Rote Ampeln
Rund und rot
heißt: Verbot!

Vorfahrt gewähren!
Vorsicht, wenn du siehst das »V«!
Erst mal nach der Vorfahrt schau.

Das Dreieck an der Kreuzung spricht:
Statt Vorfahrt hast du Wartepflicht.

Siehst du ein quadratisches Spiegelei:
Schau trotzdem, ob deine Vorfahrt frei.

Wendeschild ganz einfach
Ein Schild mit weißem Strich und rotem Ende
sagt dem Autofahrer: Wende!

Das rote runde Schild mit einem weißen waagerechten Balken bedeutet: Das Fahren in diese Richtung ist verboten!

Achtung, Kreuzung
In achtzig Metern – sagt ein Strich –
dann kreuzen Straßen und Gleise sich.

Achtzig Meter vor einem Bahnübergang steht die sogenannte einstreifige Bake, ein Schild, das auf den Bahnübergang hinweist.

Zebrastreifen
Zebrastreifen zeigen jedem an, wo man sicher rüberkann!

Für Kinder besonders gut auszumachen sind die charakteristischen weißen Streifen auf der Fahrbahn.

Tagfahrlicht im Straßenverkehr
Hast die Sonne du im Rücken, solltest du das Licht andrücken.

Auch bei Tageslicht sollte man hin und wieder die Scheinwerfer anmachen – vor allem dann, wenn durch die im Rücken stehende Sonne der Gegenverkehr einen sonst schlecht ausmachen kann.

Richtig überholen
Links vorbei am Vordermann,
so eckst du auch bei keinem an.
Wer dieses viel zu oft vergisst,
stört den Verkehr als Egoist.

Natürlich wird im Verkehr immer links überholt!

Augen auf!

Willst du sicher gehen nach Haus,
schaust du erst links, dann rechts, dann geradeaus.

SPIELEN SIE DEN LINKSHÄNDER!

Schreiben Sie wichtige Informationen mit der linken Hand – wenn Sie Rechtshänder sind, und umgekehrt. Wenn Sie Wörter mit der ungewohnten Hand schreiben, konzentrieren Sie sich automatisch mehr, und es dauert länger. Damit hat die Info eine größere Chance, gespeichert zu werden. Außerdem unterstützt die Bewegung der Hand – gleich ob links oder rechts – die Abspeicherung.

Schnell bremsen!

Erst kommt der Ball,
dann kommt das Kind:
Tritt auf die Bremse bloß geschwind.

Ganz klar: In Straßen, in denen mit (Ball) spielenden Kindern gerechnet werden muss, sollte immer langsam und bremsbereit gefahren werden.

Grünes Steuerbord und rotes Backbord

Ist rot an Steuerbord zu sehn,
so musst du aus dem Wege gehen,
zeigt sich jedoch an Backbord grün,
kannst du getrost des Weges ziehn.

Eine Eselsbrücke für Segelfans und alle, die es werden wollen! Jedes Schiff hat rechts (Steuerbord) ein grünes und links (Backbord) ein rotes Licht. Wie im Straßenverkehr gilt auf dem Wasser die Vorfahrtsregel »rechts vor links«. Doch wie dies im Dunkeln ausmachen? Wenn ein Kapitän auf der Brücke steht und auf der Steuerbordseite ein rotes Licht sieht, heißt das, dass von rechts ein anderes Boot kommt (dessen linke Seite er samt rotem Licht erkennen kann), er also ausweichen muss. Sieht er jedoch auf der eigenen Backbordseite ein grünes Licht, so heißt dies, dass sein Schiff Vorfahrt hat.

HAUSAUFGABE

Kennen Sie sich mit Automarken aus? Schreiben Sie doch mal ein Gedicht oder eine phantasievolle Geschichte, in der sieben Automarken aus sieben unterschiedlichen Ländern vorkommen und jeder Leser Ihrer Zeilen nie wieder vergisst, welches Auto aus welchem Land »herausfährt«. Wenn Ihnen spontan nur drei oder vier Marken einfallen, drehen Sie das Buch einfach um.

Volvo: Schweden – Nissan: Japan – Lada: Russland – Lancia: Italien – Citroën: Frankreich – Seat: Spanien – Buick: USA

MITTWOCH

1. Stunde: Politik

MO	DI	MI	DO	FR
				Latein
			Chemie	
	Englisch	Politik		Deutsch
Biologie			Sport	
	Religion	Mathe		Englisch
Deutsch			Deutsch	
	Kunst	Geschichte		Französisch
Musik			Biologie	
	Erdkunde	Physik		Astronomie
Mathe			Gartenpflege	
Hauswirtschaft	Verkehrs-erziehung	Gesundheit		

POLITISCHE »MERKWÜRDIGKEITEN«

Kennen Sie sich mit den politischen Ereignissen und Gegebenheiten in der Bundesrepublik und anderswo aus? Auch hierfür ein paar hilfreiche Eselsbrücken.

Gründung der BRD
Neunzehn – vierzig – neun,
die Bundesrepublik kann sich freun.

Aus der amerikanischen, britischen und französischen Besatzungszone entstand 1949 die Bundesrepublik Deutschland.

Wiedervereinigung
Ab neunundvierzig gab's zwei Staaten,
die neunzig sich zusammentaten.

Nach dem Zweiten Weltkrieg wurde 1949 sowohl die westdeutsche Bundesrepublik Deutschland als auch die ostdeutsche Deutsche Demokratische Republik gegründet. 1989 öffnete die DDR ihre Grenze zur BRD. Ein Jahr später, am 3. Oktober 1990, konnte sich Deutschland über seine Wiedervereinigung freuen.

STREICHEN SIE NEGATIVSÄTZE!
Sagen Sie nicht:
• Das merke ich mir nie!
• Das ist zu schwierig!
• Ich habe ein schlechtes Gedächtnis!
• Ich vergesse dauernd etwas!
… sonst werden diese Sätze mit hoher Wahrscheinlichkeit
»fast automatisch« zur Wirklichkeit.

Bundeskanzler seit 1949
Alle **e**hemaligen **K**anzler **br**ingen **s**amstags **k**leine **Sch**okola-
den **mit**.

Die Bundeskanzler der Bundesrepublik heißen: Konrad
Adenauer (1949–1963), Ludwig **E**rhard (1963–1966), Kurt
Georg **K**iesinger (1966–1969), Willy **Br**andt (1969–1974), Helmut **S**chmidt (1974–1982), Helmut **K**ohl (1982–1998), Ger-
hard **Sch**röder (1998–2005) und Angela **M**erkel (seit 2005).

EFTA-Staaten
Ich **n**asche leckere **Sch**lagsahne.

EFTA ist die Abkürzung für »European Free Trade Asso-
ciation« – eine Handelsorganisation, die Wachstum und
Wohlstand ihrer Mitgliedsstaaten fördern will. Hierzu gehören: **I**sland, **N**orwegen, **L**iechtenstein und die **Sch**weiz.

Herrschaftsformen

Demo liebt das Volk.
Aristo ist ein Adliger.
Mona ist eine Königin.
Ma(t)ria ist eine herrschende Frau.
Patrick ist ein beliebter Mann.
Oli bevorzugt das Besondere, das Exklusive.
Pluto gehört zum Reichtum des Universums.
Theo betet zu Gott.
Das **Auto** gehört einem einzigen Menschen.
Ana lässt sich von niemandem etwas sagen.

Diese Eselsbrücke in Form von phantasievollen Sätzen fordert und fördert Ihre Vorstellungskraft zu den Herrschaftsformen. Diese sind:

Demokratie   = Herrschaft des Volkes
Aristokratie   = Herrschaft des Adels
Monarchie   = Herrschaft des Königs
Matriarchat   = Herrschaft der Frauen
Patriarchat   = Herrschaft der Männer
Oligarchie   = Herrschaft besonderer Gruppen
Plutokratie   = Herrschaft des Reichtums, des Geldes
Theokratie   = Herrschaft der Religion
Autokratie   = Selbstherrschaft
Anarchie   = herrschaftslos

HAUSAUFGABE

Erfinden Sie für die jeweiligen Anfangsbuchstaben der
Bundesländer und Hauptstädte einen bildhaften zusammengesetzten Begriff. Diese Phantasiebilder helfen Ihnen
dabei, die Hauptstädte richtig zuzuordnen.

Hier ein Beispiel zur Anregung:

BM: Backmischung	– Bayern (München)
NH: Nachthemd	– Niedersachsen (Hannover)
BST: Badestrand	– Baden-Württemberg (Stuttgart)
ND: Nacktduscher	– Nordrhein-Westfalen (Düsseldorf)
BP: Briefpapier	– Brandenburg (Potsdam)
MS: Medienspektakel	– Mecklenburg-Vorpommern (Schwerin)
HW: Handwäsche	– Hessen (Wiesbaden)
SAM: Samtmieder	– Sachsen-Anhalt (Magdeburg)
RM: Rabenmutter	– Rheinland-Pfalz (Mainz)
SD: Salatdressing	– Sachsen (Dresden)
TE: Tiefkühleintopf	– Thüringen (Erfurt)
SK: Schlüsselkasten	– Schleswig-Holstein (Kiel)
SAS: Sandspielzeug	– Saarland (Saarbrücken)
BB: Bildband	– Berlin (Berlin)
HH: Haushalt	– Hamburg (Hamburg)
BrB: Brechbohnen	– Bremen (Bremen)

Wenn Sie Lust haben, noch ein wenig weiter zu überlegen,
dann kreieren Sie doch mal einen Satz oder eine kleine
Geschichte, in der die gefundenen zusammengesetzten
Begriffe vorkommen.

MITTWOCH

2. Stunde: Mathematik

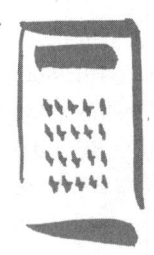

MO	DI	MI	DO	FR
Biologie	Englisch	Politik	Chemie	Latein
Deutsch	Religion	Mathe	Sport	Deutsch
Musik	Kunst	Geschichte	Deutsch	Englisch
Mathe	Erdkunde	Physik	Biologie	Französisch
Hauswirtschaft	Verkehrs-erziehung	Gesundheit	Gartenpflege	Astronomie

RUND UM ZAHLEN

Auch bei Zahlen sind Eselsbrücken sehr hilfreich. Mit Phantasie und Kreativität erfinden Sie Reime, lustige Sätze etc.

Milli – Zenti – Dezi

Milli, ein Affe, der – sich lausend –
liebt die Tausend.
Zenti, eine Flunder,
liebt die Hundert.
Dezi, ein verrückter Kellner,
liebt den Zehner.

Immer wieder werden diese Begriffe verwechselt: Milli = 1000, Zenti = 100, Dezi = 10.

Kilo – Hekto – Deka

Deka ist einsam schon 10 Jahre
eine traurige **Dekade**, wie schade.
Hekto trinkt 100 Liter in der Stund',
wenn man ihn lässt, den armen Hund.
Milo schnauft bei 1000 Metern
und hofft, es ist ein **Kilo**meter.

Was ein Kilo ist, das wissen Sie natürlich, Hekto wahrscheinlich auch, aber Deka? Ein Kilogramm sind 1000 Gramm, ein Kilometer entsprechend 1000 Meter. Ein Hektoliter sind 100 Liter. Eine Dekade sind 10 Jahre. Ein Deka sind 10 Gramm.

Große Zahlen

Der Nullen sechs hat die Million,
mit neun glänzt die Milliarde schon.
Es folgt mit zwölf ihr die Billion,
zuletzt mit achtzehn die Trillion.
O weh, mit fünfzehn, ach wie schade,
fehlte noch die Billiarde.

Damit merkt sich jeder Schüler die Anzahl der Nullen großer Zahlen!

AUFGEKLÄRT!

Lassen Sie sich nicht verwirren! In den USA nennt man eine europäische Milliarde »billion«. Eine amerikanische »billion« hat also nur neun Nullen.

Punktrechnung kommt vor Strichrechnung!
PUVOS = Punkt vor Strich

Diese Regel bedeutet, dass in einer Aufgabe, in der Multiplikations- und/oder Divisions- sowie Additionszeichen und/oder Subtraktionszeichen auftauchen, immer zuerst multipliziert bzw. dividiert wird. Die Punkte der Multiplikation und Division halten die links und rechts stehenden Zahlen wie mit einer Klammer zusammen: $3 + 8 : 2 - 5 = 3 + 4 - 5 = 2$

Klammerrechnung geht vor
KLAVOJE = **Kla**mmer kommt **vor je**der Rechnung

Kommen in einer Rechenaufgabe Klammern vor, so werden diese immer zuerst ausgerechnet: $(17 + 4) : 3 = 21 : 3 = 7$

Klammer – Punkt – Strich
Die Klammer sagt: »Zuerst komm ich«,
denk ferner dran: »stets Punkt vor Strich«.

Dieser Reim fasst die beiden vorangegangenen Eselsbrücken zusammen. Es werden immer zuerst die Aufgaben in einer Klammer gerechnet. Man achtet zudem innerhalb und außerhalb der Klammer darauf, dass erst multipliziert und dividiert wird, bevor addiert und subtrahiert werden kann. Ein Beispiel:
$(3 \cdot 5 + 2) - (6 : 3 + 4) - 3 = (15 + 2) - (2 + 4) - 3 = 17 - 6 - 3 = 8$

ENTSPANNUNG FÖRDERT DAS MERKEN!
Wenn Sie in kurzer Zeit möglichst viele Infos sicher speichern wollen, suchen Sie sich einen Ort, an dem Sie sich pudelwohl fühlen. Je entspannter Sie sind, desto besser arbeitet Ihr Gehirn und desto leichter werden Informationen gespeichert.

Wie heißt es doch gleich?
A plus B führt zur »Summe«.
A minus B gibt eine »Differenz«.
A mal B »Produkt« man nennt
und A, geteilt durch B, ist ein »Quotient«.

Die korrekten Begriffe für die Ergebnisse der vier Grundrechenarten Addition, Subtraktion, Multiplikation und Division verwechseln Sie nun garantiert nicht mehr!

Bruchrechnen
Differenzen und Summen
kürzen nur die Dummen.

Beim Bruchrechnen darf man Summen und Differenzen nicht kürzen. Beispiel: $\frac{1}{4} + \frac{4}{5}$. Viele denken, dass man hier – wie beim Multiplizieren – die »4« rauskürzen darf. Dies ist jedoch falsch! Hingegen muss man beide Brüche auf einen gemeinsamen Nenner (nämlich 20) bringen, also Zähler und Nenner von $\frac{1}{4}$ mit 5 multiplizieren und Zähler und Nenner von $\frac{4}{5}$ mit 4. Dann ergibt sich: $\frac{5}{20} + \frac{16}{20} = \frac{21}{20}$ oder $1\frac{1}{20}$

Null – null – null
Durch null teile nie!
Dies bricht dir das Knie!

Eine Zahl durch null geteilt ergibt immer null.

ZEICHNEN SIE SKIZZEN!
Zeichnen Sie zu wichtigen Informationen kleine Skizzen – keine Angst, Sie müssen kein Meisterwerk fabrizieren, es geht nur darum, dass Sie überhaupt etwas »Bildliches« zu Papier bringen. Das verbessert die Merkfähigkeit.

Größer – kleiner

Das Zeichen für »kleiner als«, nämlich <, ist ein Teil des Buchstabens »k« von »klein«. Denken Sie sich einfach einen vertikalen Strich davor.

Zinsrechnung

KIP durch hundert ist nicht schwer, die Bank zahlt leider nicht viel mehr.

Die Buchstaben stehen für K = Kapital, I = Zeit in Jahren, P = Zinssatz/Jahr. Um die Zinsen = Z, die für ein bestimmtes Kapital in mehreren Jahren anfallen, festzustellen, multipliziert man das Kapital mit der Anzahl der Jahre und dem Zinssatz und teilt das Ergebnis durch 100.

$$Z = \frac{K \cdot I \cdot P}{100}$$

Ein Beispiel: Herr Schmid legt 5000 Euro zu einem Zinssatz von 3 % für 6 Jahre an. Wenn Zinseszinsen unberücksichtigt bleiben, gilt: 5000 multipliziert mit 3 und 6 und geteilt durch 100 = 900 Euro.

Potenzen und Summen

Potenzen und Summen
radizieren nur die Dummen.

Niemals aus einer Potenz oder einer Summe die Wurzel ziehen (»radizieren« kommt von lat. »radix« = die Wurzel). So kann man z. B. nicht die Wurzel aus 2^3 oder $4 + 8$ ziehen.

Trigonometrische Funktionen

kosAH   Kosinus: **A**nkathete durch **H**ypotenuse
sinGH   Sinus: **G**egenkathete durch **H**ypotenuse
tanGA   Tangens: **G**egenkathete durch **A**nkathete
Kosah singt im Tanga.

Kosinus, Sinus, Tangens: Mit Hilfe trigonometrischer Funktionen können die fehlenden Seiten in Dreiecken berechnet werden.

 HAUSAUFGABE
Erinnern Sie sich an den Merkspruch für die Berechnung der Zinsen Z? Richtig: »KIP« durch 100 heißt die Formel. Finden Sie je einen Merksatz für die Berechnung von

$$\text{Kapital } K = \frac{Z \cdot 100}{I \cdot P}$$

$$\text{Zinssatz } P = \frac{Z \cdot 100}{I \cdot K}$$

 # GROSSE PAUSE

Blumensprache

Wenn Sie Blumen verschenken, sollten Sie deren symbolische Bedeutung kennen und können so »Fettnäpfchen« vermeiden.

Ein rotes **Herz,** umrandet von vielen gelben **Chrysanthemen.**

Chrysanthemen zeigen, dass das **Herz** noch frei ist.

Blaue **Hyazinthen** im Kühlschrank.

Hyazinthen symbolisieren **Kälte.**

Lavendel wächst auf der **Ziel**geraden im Stadion.

Lavendel bedeutet: Ich will mein **Ziel** erreichen.

Märzenbecher hüpfen ungeduldig auf und ab.

Märzenbecher besagen, dass man nicht länger **warten** möchte.

In der Lüneburger **Heide** steht ein **einsamer** Mann.

Schenkt man **Heidekraut,** will man sagen, dass man **einsam** ist.

MITTWOCH

3. Stunde: Geschichte

333 v. Chr.?

MO	DI	MI	DO	FR
Biologie	Englisch	Politik	Chemie	Latein
Deutsch	Religion	Mathe	Sport	Deutsch
Musik	Kunst	Geschichte	Deutsch	Englisch
Mathe	Erdkunde	Physik	Biologie	Französisch
Hauswirtschaft	Verkehrs-erziehung	Gesundheit	Gartenpflege	Astronomie

GESCHICHTE MIT GESCHICHTEN

In dieser Geschichtsstunde geht es um Namen, Orte und Zusammenhänge. Dabei helfen Ihnen Reime und kleine Geschichten.

753 v. Chr. Gründung Roms

Sieben – fünf – drei,
Rom schlüpft aus dem Ei.

Rom wurde der Sage nach 753 v. Chr. von den Zwillingen Romulus und Remus gegründet.

612 v. Chr. Zerstörung Ninives

Sechs – eins – zwei,
und mit Ninive war es vorbei.

Ninive, die einstige Hauptstadt Assyriens, wurde 612 v. Chr. durch die Babylonier und Meder vernichtet. Die Zerstörung Ninives war der Beginn des neubabylonischen Reiches.

510 v. Chr. Geburt der Römischen Republik

Fünf – zehn,
die Könige müssen geh'n.

Im 6. Jahrhundert v. Chr. standen die römischen Hügelsiedlungen unter der Herrschaft der etruskischen Könige. Der Überlieferung nach wurde 510 v. Chr. das Königtum beseitigt und somit die Römische Republik gegründet, die über 450 Jahre lang bestehen bleiben sollte.

AUFGEKLÄRT!
Nach neuerer Datierung wurde die Römische Republik erst 470 v. Chr. gegründet.

333 v. Chr. Krieg bei Issos
Drei – drei – drei
vor Issos Keilerei.

Alexander der Große besiegte 333 v. Chr. bei Issos den Perserkönig Dareios III. Er zog mit seinen Truppen von Gordion – hier zerschlug er den legendären Gordischen Knoten – nach Issos und gelangte durch seinen Sieg zu dem ganzen Reichtum der Stadt. Dareios III. musste fliehen.

100 v. Chr. Geburt von Julius Cäsar
Vor Christus die Hundert,
Klein-Cäsar wird bewundert.

Am 12. oder 13. 7. 100 v. Chr. wurde vermutlich der römische Kaiser Gaius Julius Cäsar aus dem Geschlecht der Julier in Rom geboren.

44 v. Chr. Ermordung Julius Cäsars
Brutus packten Neid und Gier
im Iden Märzen vierzig vier.

Marcus Brutus, ein römischer Politiker, gehörte zur Ver-
schwörung gegen den Kaiser und war einer der Mörder von
Julius Cäsar. Die »Iden des März« meint den 15. März.

9 n. Chr. Varus-Schlacht
Armin schlug den Varus richtig
neun nach Christus, das ist wichtig.

In Germanien kam es zur Schlacht im Teutoburger Wald.
Varus, der Feldherr von Kaiser Augustus, wurde von den
Truppen unter Arminius vernichtend geschlagen und nahm
sich das Leben. Kaiser Augustus sprach den bekannten Satz:
»Varus, Varus, gib mir meine Legionen wieder.«

STELLEN SIE SICH NEUE NAMEN GESCHRIEBEN VOR!
Der erste Schritt für das Merken neuer Namen ist die erste
Nennung des Namens. Stellen Sie sich den Namen geschrieben vor. Wenn er sehr kompliziert ist, fragen Sie nach der
Schreibweise. Sie bekunden Interesse an der Person, werden so für den anderen sympathisch und gewinnen Zeit, sich
mit dem Namen auseinanderzusetzen und ihn damit sicher
zu speichern.

375 Beginn der Völkerwanderung
Drei – sieben – fünf,
die Völker machen sich auf die Strümpf.

375 überfielen die Hunnen, ein nomadisch lebendes mongolisches Reitervolk, die Ostgoten. Die germanischen Völker flohen, und es begann damit die sogenannte Völkerwanderung, die über 200 Jahre andauerte.

476 Untergang des Weströmischen Reiches
Vier – sieben – sechs,
Rom war ex.

Das Weströmische Reich ging 476 im Zuge der Völkerwanderung unter. Der letzte weströmische Kaiser Romulus Augustus wurde durch den Germanen Odoaker abgesetzt und ins Exil geschickt. Das Oströmische Reich, auch »Byzantinisches Reich« genannt, sollte hingegen noch rund 1000 Jahre bestehen bleiben.

962 Kaiserkrönung Ottos I.
Neun – sechs – zwo,
der Kaiser heißt Otto.

Mit der Kaiserkrönung Ottos I. durch Papst Johann XII. wurde das »Heilige Römische Reich Deutscher Nation« begründet.

1492 Entdeckung Amerikas
Eins – vier – neun und zwei,
Kolumbus entdeckt Amerika dabei.

Christoph Kolumbus wurde von Königin Isabella von Kasti-
lien beauftragt, den Seeweg nach Indien zu finden, und entdeckte dabei sozusagen eher »zufällig« 1492 den amerikanischen Kontinent.

· ·

AUFGEKLÄRT!
Christoph Kolumbus betrat nicht als Erster amerikanischen
Boden, sondern er entdeckte Amerika wieder. Der Wikinger
Leif Eriksson – Sohn von Erik dem Roten – war wohl der tat-
sächliche Entdecker von Amerika = »Vinland«.

· ·

Die Frauen Heinrichs VIII.
Katharina arbeitet **an bo**denständigen **J**agdszenen. **S**erien-
mäßig **an**gestellte **kle**ine **Catherine**s **ho**len **Ca**shew- und **Para**-
nüsse.

Heinrich VIII. (1491–1547) hatte sechs Frauen: **Katharina**
von **A**ragón, **An**na Boleyn, **J**ane Seymour, **An**na von **Kle**vels
Catherine Howard und Catherine **Parr**.

1588 Armada wird geschlagen
Fünfzehn – achtundachtzig,
Armada schafft's nicht.

Die spanische Armada galt lange Zeit als unbesiegbar. Mit
130 Schiffen und 19 000 Mann wurde sie von König Philipp
II. gegen England geschickt. Die Engländer hatten nur eine
Flotte von 34 Schiffen in Bereitschaft. In der Nacht des 6. August
1588 sandte Sir Francis Drake acht brennende Schiffe in
die Mitte der Armada. In den für die Spanier unbekannten
Gewässern war es für die Engländer leicht, die Armada zu
besiegen. Spanien verlor 35 große Schiffe und 13 000 Mann.

1618 Beginn Dreißigjähriger Krieg
Sechzehn – eins und acht,
der Dreißigjährige Krieg erwacht.

Der »Prager Fenstersturz« löste mit dem böhmisch-pfälzischen
Krieg die erste Phase des Dreißigjährigen Krieges aus.

1789 Französische Revolution
Siebzehn – acht – neun,
Frankreich kann sich freun.

Am 14. Juli 1789 kam es zum »Sturm auf die Bastille«. Die
Nachricht vom Fall des alten Staatsgefängnisses löste die Revolution
im ganzen Land aus. Eine absolute Monarchie wurde
zur Republik.

Verbannung Napoleons
Napoleon: Elba, Waterloo,
dann Helena bis ultimo.

Napoleon (1769–1821) wurde erst auf die Insel Elba verbannt und dann nach der Schlacht bei Waterloo für immer = bis ultimo auf die Insel St. Helena.

1871 Gründung Deutsches Reich
Bismarck hat ganz unverdrossen
achtzehn einundsiebzig
das Deutsche Reich beschlossen.

Im Spiegelsaal des Schloss Versailles bei Paris proklamierte am 18. Januar 1871 der deutsche Reichskanzler Otto von Bismarck die Gründung des Deutschen Reiches unter Kaiser Wilhelm I.

1914–1918 Erster Weltkrieg
Beim Weltkrieg vierzehn – achtzehn
hat Deutschland arg das Nachsehn.

Am 28.6.1914 wurde in Sarajewo der habsburgische Thronfolger von einem serbischen Nationalisten erschossen. Österreich-Ungarn erklärte am 28. Juli Serbien den Krieg. Die österreichisch-serbische Konfrontation löste eine weltweite Kettenreaktion, aus und es kam zum Ersten Weltkrieg, an dessen Ende auch der Niedergang des deutschen Kaiserreiches stand.

5. März 1953 Todestag Stalins

Fünf – drei – fünf – drei,
mit Stalin war's vorbei.

Der mächtigste Mann des Ostblocks, der Diktator Josef W. Stalin, starb mit 73 Jahren in der russischen Hauptstadt Moskau. Seit 1923 war Stalin der Führer der kommunistischen Partei KPdSU und damit der Sowjetunion.

....

AUFGEKLÄRT!

Stalins Tod wird zwar am 5.3.1953 bekanntgegeben, erfolgte aber bereits am 2.3.1953.

....

HAUSAUFGABE

Finden Sie für diese Pläne der Geschichte eine brauchbare Eselsbrücke, vielleicht in Form eines kleinen Gedichtes?

- Der Dawesplan regelt die Reparationszahlungen Deutschlands nach dem Ersten Weltkrieg.
- Der Morgenthauplan wurde 1944 noch während des Zweiten Weltkriegs vom amerikanischen Finanzministerium entwickelt, damit Deutschland nie wieder in der Lage sein sollte, einen Angriffskrieg zu beginnen.
- Der Marshallplan, offiziell European Recovery Program = ERP, war ein Wiederaufbauprogramm der USA für Europa nach dem Zweiten Weltkrieg. Die Hilfe bestand aus: Krediten, Rohstoffen, Lebensmitteln und Waren.

MITTWOCH

4. Stunde: Physik

MO	DI	MI	DO	FR
				Latein
		Politik	Chemie	
	Englisch			Deutsch
Biologie		Mathe	Sport	
	Religion			Englisch
Deutsch		Geschichte	Deutsch	
	Kunst			Französisch
Musik		Physik	Biologie	
	Erdkunde			Astronomie
Mathe		Gesundheit	Gartenpflege	
Hauswirtschaft	Verkehrs-erziehung			

PHYSIKALISCHE LICHTBLITZE

Die Physik ist die Wissenschaft von der Struktur und der Bewegung der unbelebten Materie. Entdecken Sie z. B. die Eselsbrücken zu den Formeln für Arbeit, Geschwindigkeit und Leistung.

Atom = unteilbar?

Man merke, dass das Wort »Atom«
nicht Schöpfung ist des alten Rom.
Vielmehr im Griechischen erscheint,
wo damit »unteilbar« gemeint.

Schon der griechische Philosoph Demokrit bezeichnete den kleinsten, selbst unteilbaren Bestandteil eines Stoffes als Atom.

· ·

AUFGEKLÄRT!

Das Atom ist nach heutigem Forschungsstand nicht mehr das kleinste Teilchen eines Stoffes, sondern tatsächlich doch teilbar. Die kleinste unteilbare Einheit heißt »Quant«.

· ·

Schallgeschwindigkeit

Der Schall braucht Zeit, im Freien geht er
in drei Sekunden tausend Meter.

Der Schall kommt in der Luft auf sagenhafte schnelle 333,33 Meter pro Sekunde.

Geschwind, geschwind
Eines Dings Geschwindigkeit:
Weg durch die genutzte Zeit!

Um die Geschwindigkeit v zu messen, teilt man den Weg s durch die genutzte Zeit t. Die Formel lautet daher: $v = \frac{s}{t}$.

Immer schneller
Je enger es wird, desto schneller will man hindurch!

Je enger der Durchgang wird, umso größer wird die Geschwindigkeit. Dieses Phänomen kann man sehr gut an einem Fluss beobachten, der zunächst sehr breit ist und behäbig langsam dahinfließt. Dann wird das Flussbett schmaler und die Strömung wird stärker.

Hebelwirkung
Unheimlich ist des Esels Kraft, wenn er mit dem Hebel schafft.

Je länger der Hebel, desto größer die Kraft. Dies kann man sich im Haushalt z. B. beim Öffnen eines Deckels mittels eines Schraubenziehers zunutze machen.

Ganz schön viel Arbeit
Arbeit kann warten!

In der Physik ist »Arbeit« ein genau definierter Begriff. Mechanische Arbeit W wird verrichtet, wenn ein Körper durch eine Kraft F längs eines Weges s verschoben wird. Arbeit = Kraft mal Weg, also: W = F · s.

HOBBYS AKTIVIEREN DAS GEHIRN!
Wenn Sie noch kein Hobby haben, überlegen Sie, was Sie interessieren könnte, und beschäftigen Sie sich damit intensiver. Sie werden feststellen, dass Begeisterung für eine Sache Ihre Merkfähigkeit beflügelt. Sie erleben Erfolgserlebnisse und trauen Ihrem Gedächtnis mehr zu.

Volle Leistung
Paula **g**eht **W**eihnachten **durch**s **T**al.

Die Leistung P ist gleich die verrichtete Arbeit W geteilt durch die benötigte Zeit t; also: $P = \frac{W}{t}$.

Die Abkürzung kommt aus dem Englischen: Leistung = »power«, Arbeit = »work« und Zeit = »time«.

Elektrische Leistung
Volt mal Ampere gibt in Watt,
was der Strom geleistet hat.

Die elektrische Leistung P (in Watt angegeben) ist gleich die elektrische Spannung I (in Volt) mal die elektrische Stromstärke U (in Ampere), also: $P = I \cdot U$.

Kathode und Anode
Die **Ka**tze macht **mi**au.

Die **Ka**thode ist eine negative Elektrode (**Minuspol**). Die Kathode ist die Gegenelektrode zur positiven Anode (Pluspol).

Protonen und Elektronen
Proton ist **p**ositiv,
Elektron ist n**e**gativ.

Protonen sind die Elementarteilchen mit positiver Ladung. Elektronen sind elektrisch negativ geladene Elementarteilchen.

Sonnige Fotos
Wenn Sonne lacht, Blende Nummer acht.

Eine Blende ist Teil des Objektivs einer Kamera. Eine kleine Blendenzahl – z. B. 2,8 – bedeutet eine große Blendenöffnung, so dass viel Licht auf den Film durchgelassen wird. Je heller es ist, desto größer muss die Blendenzahl sein.

SCHWARZES BRETT
Hängen Sie ein »Schwarzes Brett« für wichtige Angelegenheiten an einen Ort, den Sie immer im Blick haben. So können Sie rasch Dinge notieren oder Zettel anbringen – das entlastet Ihr Gedächtnis, und Sie können sich auf Wichtigeres konzentrieren.

OPTIMALES TEAMWORK IM HIRN!
Nur wenn beide Hirnhälften gleich leistungsfähig
sind und intensiv zusammenarbeiten, kann das Gedächtnis
optimal sein. Lernen Sie eine Info immer, indem Sie durch
Lesen und Schreiben mit der Hand das Wortbild aufnehmen und durch Aussprechen das Sprachzentrum aktivieren,
während Sie gleichzeitig ein Gedankenbild malen und krea-
tive, lustige Gedankenverbindungen, sogenannte Assoziationen entwickeln.

Brechung der Lichtstrahlen
Von dünn zu dicht,
zum Lot sich bricht.

Die Brechung der Lichtstrahlen erfolgt zum Lot hin, wenn
ein Lichtstrahl von einem dünneren Medium in ein dichteres
Medium (mit größerer Brechzahl) eintritt (z. B. aus Luft in
Wasser).

Spektralfarben
Rote **O**rnamente **gel**ingen **gra**ndios mit **Bl**ut der **indi**schen **Vi**per.

Die Spektralfarben sind: **Rot**, **O**range, **Gel**b, **Gr**ün, **Bl**au, **Indi**go (ein kräftiger Blauton) und **Vi**olett. Beim Durchgang
durch ein Prisma wird langwelliges (rotes) Licht am schwächs-
ten, kurzwelliges (violettes) am stärksten gebrochen. Zwischen Rot und Violett liegen dann die übrigen Spektralfar-

ben. Die genannten Farben sind übrigens auch die Farben des Regenbogens!

Linsentypen
Der Podex ist konvex!

Mit diesem Merksatz vergessen Sie nie wieder, was »konvex« bei einer Linse bedeutet, nämlich dass sie nach außen gewölbt ist. Umgekehrt ist »konkav« = nach innen gewölbt.

HAUSAUFGABE
Die Farbcodierung kennzeichnet die elektrischen Werte von Widerständen im Bereich Elektronik/Elektrik, die als elektronische Bauteile oft sehr klein und zylindrisch sind. Da es schwierig ist, lesbare Zahlen abzubilden, verwendet man den Aufdruck von Farbkennringen. Zwölf Farben stehen für die unterschiedlichen Multiplikatoren von 10^{-2} bis 10^9: Silber – Gold – Schwarz – Braun – Rot – Orange – Gelb – Grün – Blau – Violett – Grau – Weiß.

Beispiel: Eselsbrücke für die Multiplikatoren $10^0 = 1$ bis 10^9: **Schw**ere **Br**echer **ro**llen **or**gelnd **ge**gen **grün**e **B**erge **vo**n ganz **wei**t.

Erfinden Sie doch einmal einen Merksatz für alle zwölf Farben!

 GROSSE PAUSE

Die Filme mit den meisten Oscars

Während **Ben Hur** und **Gigi** mit der **Titanic** fahren, besucht der **dritte Herr der Ringe** den **englischen Patienten** und sie hören gemeinsam Musik. **Der letzte Kaiser** amüsiert sich derweil in der **West Side Story**.

In dieser Oscargeschichte, die wie ein Film vor Ihrem geistigen Auge ablaufen sollte, kommen die Filme mit den meisten Oscars vor – jedoch nicht in der Reihenfolge der Oscaranzahl. Um sich zu merken, wie viele Oscars die Filme erhalten haben, entwickeln Sie Bildergeschichten, in denen die entsprechenden Zahlensymbole vorkommen: Beim Fußball gibt es elf Spieler; sie haben zehn Zehen; beim Kegeln werden neun Kegel aufgestellt. Also wird aus Ihrem Merksatz:

Ben Hur spielt auf der **Titanic** Fußball mit dem **dritten Herrn der Ringe**. In der **West Side Story** singen alle auf Zehenspitzen. Der **englische Patient** ist – was vielen nicht bekannt ist – auch der **letzte Kaiser** und liebt **Gigi**. Gemeinsam kegeln sie alle neune.

Die Filme mit den meisten Oscars:
Elf Oscars gewannen »Ben Hur« (1959), »Titanic« (1997) und »Der Herr der Ringe III« (2003). »West Side Story« (1961) bekam immerhin zehn Oscars. Auf insgesamt neun der begehrten Trophäen kamen »Gigi« (1958), »Der letzte Kaiser« (1987) und »Der englische Patient« (1996).

ZAHLENMERKWORTTECHNIK I

Hierbei geht es um das Lernen von Zahlen mit
Merkwörtern. Merken Sie sich zunächst spontan auftretende
Begriffe zu Zahlen. Wichtig dabei ist, dass das Bild Ihrer Vorstellung die Zahl symbolisiert und dass Ihnen beim Nennen
der Zahl das Bild sofort einfällt. Ihre Liste könnte also in
etwa so aussehen:

0 = See (hat die Form einer »O«)   7 = Die sieben Zwerge
1 = Baum (1 Stamm)   8 = Achterbahn
2 = Brille (2 Gläser)   9 = Kegel (alle neune!)
3 = Dreirad (3 Räder)   10 = Zehen (10 Zehen)
4 = Fenster (4 Ecken)   11 = Fußballteam
5 = Hand (5 Finger)   (11 Spieler)
6 = Würfel (6 Flächen)

Oder vielleicht kommen Ihnen eher die folgenden Begriffe in
den Sinn?

0 = Osterei (hat die Form einer »O«)
1 = Leuchtturm
2 = Schwan (hat die Form einer »2«)
3 = Triangel (3 Ecken)
4 = Tisch (4 Beine)
5 = Finger (5 an jeder Hand)
6 = Elefantenrüssel (hat 6 »Ecken«)
7 = Siebenarmiger Leuchter
8 = Schleife (hat die Form einer »8«)
9 = Neunauge (Fisch)

Wenn bei Ihnen zu den Zahlen andere Gedankenbilder auftauchen, erstellen Sie eine eigene Liste. Ihre persönliche Liste ist auf jeden Fall die beste!

Nun verbinden Sie diese Zahlenmerkwörter mit den neu zu
lernenden Fakten.

Wenn Sie beispielsweise eine Rede halten wollen und am
Anfang einige wichtige Persönlichkeiten unbedingt in der
Reihenfolge ihrer »Wichtigkeit« erwähnen müssen, verbinden Sie diese Gesichter in Gedanken einfach mit den Begriffen von 1 bis ...

Der Herr Minister Meier sitzt im Apfel**baum**.

Frau Schuldirektorin Schmidt trägt eine überdimensionale
glitzernde Sonnen**brille**.

Der Herr Bundestagsabgeordnete Harper fährt in Ihrer Phantasie **Dreirad**.

Die bekannte Autorin Gerlinde Wesseling tanzt auf einem
Tisch.

Die Fraktionsvorsitzende der Grünen, Frau Wiesner, trägt
grasgrüne **Hand**schuhe.

Der Bürgermeister Herr Winzig sitzt auf einem **Elefanten**.

Der Vorsitzende des Heimatvereins, Herr Ecker, bringt Licht
mit einem **siebenarmigen Leuchter**.

Die Chefin des Autohauses, Frau Pelzir, fährt in einem
schwarzen Pelzmantel **Achterbahn**.

Der Polizeichef, Herr Cordes, trägt blaue Cordhosen beim
Kegeln.

Die Leiterin des Kinderschutzbundes, Frau Rosant, trägt
einen dicken roten Verband um ihre beiden großen **Zehen**.

MITTWOCH

5./6. Stunde: Wahlpflicht-kurs Gesundheit

MO	DI	MI	DO	FR
Biologie	Englisch	Politik	Chemie	Latein
Deutsch	Religion	Mathe	Sport	Deutsch
Musik	Kunst	Geschichte	Deutsch	Englisch
Mathe	Erdkunde	Physik	Biologie	Französisch
Hauswirtschaft	Verkehrs-erziehung	Gesundheit	Gartenpflege	Astronomie

SO BLEIBEN SIE GESUND!

Im Wahlpflichtkurs Gesundheit lernen Sie, was Sie gesund erhält und was Ihnen bei kleinen »Zipperlein« helfen kann.

Halsweh bekämpfen
Gurgelst du mit Salbei,
Halsweh bald vorbei sei.

Salbei ist eine Heilpflanze. Gurgelt man mit dem Teeaufguss, so lindert es Entzündungen im Hals- und Rachenraum. Er vermindert den Schmerz, stoppt die Ausbreitung von Bakterien und macht die Schleimhäute widerstandsfähiger.

Gegen Gicht
Spürst du das Zipperlein, die Gicht,
dann trinke Rotwein lieber nicht.

Rotwein fördert die Bildung von Harnsäurekristallen, die sich in den Gelenken absetzen und die Gicht verschlimmern. Deshalb sollten Menschen, die zu Gichtanfällen neigen, keinen Rotwein trinken.

WER LEHRT, DER LERNT!
Erläutern Sie Ihren Freunden, was Sie sich merken wollen. Dann entdecken Sie, ob Sie alles verstanden haben und ob auch Details haftengeblieben sind.

LANGE MERKPROZESSE

Der Merkprozess dauert länger als die Informations-
aufnahme. Wenn Sie sich nach dem Lesen wichtiger Informationen vor den Fernseher setzen oder sich sofort mit neu-
en anderen Dingen beschäftigen, wird der Merkprozess
gestört. Viele Infos gehen verloren, und Sie können sich später nur an wenige Dinge erinnern. Daher: Zeit lassen beim
Lernen!

Vorsicht bei Rheuma
Fühlst du starkes Rheumaleiden,
lass die Milch mal lieber bleiben.

Das ist nicht nur irgendein Merkspruch, sondern eine Empfeh-
lung mit wissenschaftlicher Bestätigung. Der Hintergrund:
Die Schmerzen, die Schwellung und die Überwärmung der
Gelenke beim Rheuma werden durch entzündungsfördernde
Botenstoffe verursacht, die aus Arachidonsäure gebildet wer-
den. Diese ist u. a. in Milchprodukten enthalten.

Kaiserfrühstück – ja, gerne!
Morgens frühstücken wie ein Kaiser,
mittags speisen wie ein König,
abends essen wie ein Bettelmann.

Das Frühstück darf sehr reichhaltig sein, um den Körper optimal auf den Tag vorzubereiten. Abends hingegen sollte man
Magen und Darm nicht überlasten: Das beeinträchtigt den

Schlaf, und die unverdaute Nahrung bleibt zu lange im Darm – da die Verdauungsorgane nachts auf Sparflamme geschaltet sind. So können Giftstoffe entstehen.

Bier und Wein
Bier auf Wein,
das lass sein!
Wein auf Bier,
das rat ich dir!

Ein alter Merkspruch, der in der Wartburg bei Eisenach zu sehen ist.

. . . .

AUFGEKLÄRT!
Dieser Spruch stimmt so nicht! Die Reihenfolge der Getränke ist für die Bekömmlichkeit nicht ausschlaggebend, sondern die Menge.

. . . .

Fettlösliche Vitamine
E D E K A

Wenn Sie bei dieser Buchstabenfolge an Lebensmittel denken, liegen Sie genau richtig. Lebensmittel enthalten bestimmte Vitamine. Die fettlöslichen Vitamine sind die Vitamine A, D, E, K. Bei Umstellung der Buchstaben und doppelter Verwendung des »E« entsteht die Supermarktkette EDEKA.

ABC-TECHNIK
Hier wird zu den Buchstaben des Alphabets in Ge-
danken ein Bild gemalt: A = Affe, B = Ball, C = Cola ... Wenn
Sie die ABC-Bilder stets abrufen können, haben Sie die
Grundlage für optimales Behalten. Wichtige Begriffe verbin-
den Sie damit und eine richtige Reihenfolge ist auch ge-
währleistet, z. B. wenn Sie daran denken wollen, was Sie
alles auf einen Ausflug mitnehmen wollen: Orangen, Joghurt,
Bonbons. Der Affe spielt mit den Orangen, der Ball ist mit
Joghurt beschmiert, in der Cola sind Bonbons aufgelöst etc.

Sommersprossen ade!
Schon gehört? Der Gurkensaft
hat Sommersprossen abgeschafft!

Dieser Merkspruch stimmt tatsächlich, da Gurkensaft eine
bleichende Wirkung hat. Vorsicht: Empfindliche Haut rea-
giert unter Umständen sehr gereizt auf reinen Gurkensaft.

HAUSAUFGABE
Welche Lebensmittel enthalten welche Mineralstoffe? Er-
finden Sie eine Eselsbrücke:
Kalzium: Milch, Käse, Joghurt, Quark, grünes Blattgemüse.
Magnesium: Vollkornprodukte, Hülsenfrüchte, Nüsse,
Grüngemüse.
Kalium: Kartoffeln, Bananen, Brokkoli, Avocados.

DONNERSTAG

1. Stunde: Chemie

MO	DI	MI	DO	FR
				Latein
		Politik	Chemie	
Biologie	Englisch			Deutsch
		Mathe	Sport	
Deutsch	Religion			Englisch
		Geschichte	Deutsch	
Musik	Kunst			Französisch
		Physik	Biologie	
Mathe	Erdkunde			Astronomie
		Gesundheit	Gartenpflege	
Hauswirtschaft	Verkehrs-erziehung			

VIELSEITIGE CHEMIESTUNDE

Chemie ist die Lehre von den Stoffen, ihrem Aufbau, ihren Eigenschaften und ihren Veränderungen. Leichter wird diese komplexe Wissenschaft mit den passenden Eselsbrücken.

Säure und Wasser
Zuerst das Wasser, dann die Säure,
sonst passiert das Ungeheure.

Kommt Wasser mit konzentrierter Säure zusammen, bildet sich lokal große Hitze. Wird Säure ins Wasser gegossen, verteilt sich die Wärme leichter.

Säuren und Basen
Säuren machen **rot**, **B**asen machen **b**lau.

Lackmuspapier – ein Indikator – färbt sich bei Säuren **rot** und bei **La**ugen **bl**au.

RÄTSEL & DENKAUFGABEN
Lösen Sie so oft wie möglich Rätsel und Denkaufgaben, um Ihr Gehirn immer wieder zu fordern und damit fit zu halten. Lassen Sie sich doch einfach einmal in einem Zeitschriftenladen oder einer Buchhandlung vom vorhandenen »Rätselmaterial« inspirieren!

Stinkende Schwefelsäure
Schwefelsäure – merk es dir –,
das ist H_2SO_4

Schwefelsäure besteht aus zwei Atomen Wasserstoff, einem Atom Schwefel und vier Atomen Sauerstoff.

Wasser = H_2O
Bist du des Lebens nicht mehr froh, stürze dich ins H_2O.

Damit ist gemeint, dass derjenige, der schlecht gelaunt ist, sich unter die kalte Dusche stellen soll oder im kalten Wasser eines Sees oder Schwimmbads schwimmen sollte, um seinen Kopf von negativen Gedanken zu befreien und den Kreislauf in Schwung zu bringen. Neben dieser »Lebensweisheit« enthält dieser Merkspruch »ganz nebenbei« auch noch die Formel für Wasser, nämlich H_2O.

»Wertige« Elemente
HONCS: Honig **c**hemisch **s**ehen

Die Buchstaben H O N C S bezeichnen die Elemente Wasserstoff (H), Sauerstoff (O), Stickstoff (N), Kohlenstoff (C), Schwefel (S). Die Reihenfolge zeigt die aufsteigende Wertigkeit (H = 1; O = 2; N = 3; C = 4; S = 6, 4 oder 2). Jetzt können Sie für jede Wertigkeit von 1 bis 6 ein Element nennen. Übrigens: Der Nährstoff Eiweiß besteht aus den Elementen HONCS (manchmal ergänzt durch Phosphor (P).

Die ersten zehn im Periodensystem
Hallo **He**rbert, **Li**sa **be**sorgt **B**ordeaux, **C**ola, **N**ektarinen **o**der
fluffige **Ne**gerküsse.

Hier geht es um die ersten zehn Elemente im Periodensys-
tem: Wasserstoff (**H**), Helium (**He**), Lithium (**Li**), Beryllium
(**Be**), Bor (**B**), Kohlenstoff (**C**), Stickstoff (**N**), Sauerstoff (**O**),
Fluor (**F**) und Neon (**Ne**).

Die zweite Periode im Periodensystem
Liebe **B**uben **b**rauchen **C**omputer **n**icht **o**ft **f**ür **N**achtarbeiten.

Die ersten drei Perioden im Periodensystem sind: Lithium
(**Li**), Beryllium (**Be**), Bor (**B**), Kohlenstoff (**C**), Stickstoff (**N**),
Sauerstoff (**O**), Fluor (**F**) und Neon (**Ne**).

Alkalimetalle
Liebe **Na**chbarn **k**amen **r**ichtig **c**harmant **fr**eitags.

Die Alkalimetalle heißen: Lithium (**Li**), Natrium (**Na**), Kalium (**K**), Rubidium (**R**b), Caesium (**C**s) und Francium (**Fr**).

MACHEN SIE LISTEN!
Machen Sie Listen: Einkaufslisten, Anruflisten …
Listen sind Gedächtnishilfen, die Ihnen die Angst nehmen,
eventuell etwas Wichtiges zu vergessen. Legen oder hängen
Sie die Listen immer an denselben Ort.

Alkoholisches ...
Herr **O**ber, **5 H**elle, **2 C**ognac!

C_2H_5OH ist die Formel für Alkohol – und mit diesem Satz gut zu merken, allerdings rückwärts gelesen!

Zinn im Sinn
»Sn« steht für Zinn
und hat nur
Stanniolpapier im Sinn.

Stanniolpapier war ursprünglich eine Bleisilberlegierung. Später wurde sie aus Zinn hergestellt und auch Zinnfolie genannt.

· ·

AUFGEKLÄRT!
Heute spricht man meistens von Stanniolpapier, wenn man Aluminiumfolie = Alufolie meint.

· ·

Zuckersüße Eselsbrücke
Alle **alt**en **Glu**cken **m**öchten **g**ern **im Ga**rten **ta**nzen.

Allose, **Alt**rose, **Glu**cose, **M**annose, **G**ulose, **I**dose, **Ga**lactose und **Ta**lose: Diese Einfachzucker sind die Grundbausteine der Kohlenhydrate.

Pentosen

Reiche, **d**iskrete **Ara**ber **xylo**fonieren **l**eise.

Pentosen sind einfache Zucker (Monosaccharide). Die wichtigsten Pentosen sind die **R**ibose und die **D**esoxyribose (= Bausteine der Nukleinsäuren). Auch **Arab**inose, **Xylo**se (= Bausteine der pflanzlichen Polysaccharide) und **L**yxose sind wichtige Vertreter.

HAUSAUFGABE

Erfinden Sie für die Elemente der ersten drei Perioden des Periodensystems eine Eselsbrücke, indem Sie Sätze bilden, bei denen die Wörter mit den entsprechenden Buchstaben der Elemente beginnen.

Elemente der ersten drei Perioden: Wasserstoff (H), Helium (He), Lithium (Li), Beryllium (Be), Bor (B), Kohlenstoff (C), Stickstoff (N), Sauerstoff (O), Fluor (F), Neon (Ne), Natrium (Na), Magnesium (Mg), Aluminium (Al), Silicium (Si), Phosphor (P), Schwefel (S), Chlor (Cl) und Argon (Ar).

Falls Ihnen heute nicht so recht was einfallen will, hier eine kleine Anregung, die »Kopfstand« macht.

Helga **h**olt **l**eckere **B**äcker-**B**rötchen, **c**olatrinkend, **n**ie ohne **f**rische **N**ektarinen.

Natürlich **m**ögen **a**lle **s**ilberne **p**echschwarze **S**töckelschuhe – **C**hampagner **a**uch!

DONNERSTAG

2. Stunde: Sport

MO	DI	MI	DO	FR
				Latein
	Englisch	Politik	Chemie	
Biologie			Sport	Deutsch
	Religion	Mathe		
Deutsch			Deutsch	Englisch
	Kunst	Geschichte		
Musik			Biologie	Französisch
	Erdkunde	Physik		
Mathe			Gartenpflege	Astronomie
Hauswirtschaft	Verkehrs-erziehung	Gesundheit		

SPORTLICH, SPORTLICH

Beginnen Sie doch einmal mit zehn Kniebeugen, bevor Sie geistig aktiv werden und für das folgende Wissen im Sport Eselsbrücken finden.

Fußballweltmeistermannschaft 1974
Bei **m**an**ch**en **schwa**chen **B**ildern **h**aben **g**eniale **M**aler **o**ft **v**ölli**g**e **H**irn-**B**lockade.

Die Spieler der siegreichen deutschen Fußballnationalmannschaft zur Weltmeisterschaft 1974 waren:
Franz **B**eckenbauer, Sepp **Ma**ier, Georg **Schwa**rzenbeck, Rainer **B**onhof, Bernd **H**ölzenbein, Jürgen **G**rabowski, Gerd **M**üller, Wolfgang **O**verath, Berti **V**ogts, Uli **H**oeneß und Paul **B**reitner.

Wann und wo? Die Olympischen Spiele
Bei dieser Eselsbrücke nehmen Sie – in Anlehnung an die Zahlenmerkworttechnik I (siehe S. 103) die folgenden Gedankenbilder zu Hilfe:

96 = Neun Kegel werden mit einem sechsseitigen Würfel umgeworfen.

 0 = Ostereier haben die Form einer Null.

 4 = Fenster mit vier Seiten

 8 = »Achterbahn« enthält im Wort die Ziffer Acht.

12 = Mittagstafel findet um zwölf Uhr mittags statt.

20 = Zwanzigeuroschein

24 = Fahrrad mit Tisch – das Gefährt hat zwei Räder, ein Tisch vier Beine.

32 = Triangeln werden von brillentragenden Engeln gespielt.

36 = Ein Dreirad zieht einen Würfel hinter sich her, der klappert.

Und nun geht es los! Üben Sie sich im Gedankenbildermalen.

> Auf der Akropolis in Athen wird mit Würfeln gekegelt.
> Vom Eiffelturm fallen bunte Ostereier.
> Auf einem riesengroßen Fenster steht mit roter Farbe »St. Louis«.
> Die Tower Bridge steht inmitten einer riesigen Achterbahn.
> Das schwedische Königspaar hat viele Gäste am Mittagstisch.
> In Antwerpen regnet es Zwanzigeuroscheine.
> Durch den Arc de Triomphe fährt ein Fahrrad, das mit einem Tisch beladen ist.
> In Los Angeles werden Triangeln von brillentragenden Engeln gespielt.
> Durch das Brandenburger Tor fährt eine Kolonne von Dreirädern, an denen Würfel befestigt sind, die leicht klappern.

Die ersten Olympischen Spiele der Neuzeit fanden statt: 1896 in Athen, 1900 in Paris, 1904 in St. Louis, 1908 in London, 1912 in Stockholm, 1920 in Antwerpen, 1924 in Paris, 1928 in Amsterdam, 1932 in Los Angeles und 1936 in Berlin.

BEWEGUNG MIT LINKS
Machen Sie verstärkt Gymnastik mit der linken
Körperseite – wenn Sie Rechtshänder sind. Die Bewegungen
der linken Seite aktivieren die rechte Hirnhälfte, da sich die
Nerven im Nacken überkreuzen.

Spiellängen
Brillentragende **Basketball**spieler baden mit einem **Schwan im See.**
Eishockeyspieler fahren **Dreirad** rund um den **Schwanensee.**
Brillentragende **Handball**er fahren mit einem **Segel**boot auf dem **See.**
Brillentragende **Fußball**er winken aus dem **Fenster** mit buntbemalten **Händen.**

Erinnern Sie sich an die Zahlenmerkworttechnik I (siehe
S. 103)? Die folgenden Zahlen könnten Sie z. B. mit diesen
Bildern verknüpfen:

  0 = See
  2 = Brille oder Schwan
20 = Schwan auf dem See oder Zwanzigmarkschein
  3 = Dreirad oder Segel (dreieckige Form)
30 = Segelboot auf dem See
  5 = Hand (fünf Finger)
45 = Fenster mit bunten, winkenden Händen

Die Reihenfolge der Wörter dieses Satzes gibt die unterschiedlichen Spiellängen der folgenden Sportspiele an: Basket-

ball 2 × 20 Min., Eishockey 3 × 20 Min., Handball 2 × 30 Min. und Fußball 2 × 45 Min.

Moderner Fünfkampf

Die fünf Disziplinen des modernen Fünfkampfes sind:

1. Degenfechten
2. Schwimmen
3. Springreiten
4. Geländelauf
5. Schießen mit der Luftpistole

Nutzen Sie die Zahlenmerkworttechnik I (siehe S. 103):

Sie sitzen im Apfel**baum** und nutzen ihren **Degen**, um Vögel zu vertreiben.
Sie tragen beim **Schwimmen** eine dicke Schwimm**brille**.
Sie **reiten** und spielen dabei **Triangel**.
Sie **laufen** beim Geländelauf durch aufgestellte **Fenster**rahmen.
Sie haben ihre **Luftpistole** fest in beiden **Händen** und schießen damit auf Tontauben.

 HAUSAUFGABE
Wie wäre es mit einer Merkhilfe für die Grand-Slam-Tennis-turniere?
Januar/Februar: Australian Open in Melbourne
Mai/Juni: French Open in Paris
Juni/Juli: Wimbledon Championships in London (Wimbledon)
August/September: US Open in New York (Flushing Meadows).

 **GROSSE PAUSE**

Müller, Meyer, Schmidt & Co.
Meister **schmi**eden **schn**ittige **Fische me**istens aus **We**llblech.

Wollen Sie sich die häufigsten Nachnamen in Deutschland (**Müller**, **Schmi**dt, **Schn**eider, **Fischer**, **Me**yer, **We**ber) merken – mit einer lustigen Eselsbrücke kein Problem!

Die schönsten deutschen Wörter
Im **Augenblick** esse ich **Rhabarbermarmelade** und fühle mich **geborgen** zwischen meinen ge**liebten Habseligkeiten**.

Wussten Sie, dass der Deutsche Sprachrat 2004 einen Wettbewerb zum schönsten deutschen Wort veranstaltete?
Die folgenden Wörter schafften es auf die Top 5: Habseligkeiten, Geborgenheit, lieben, Augenblick und Rhabarbermarmelade. Das schönste deutsche Wort der Kinder war übrigens »Libelle«.

DIE TELEFONTASTATUR HILFT!
Wenn Sie sich einprägen, welche Bewegungen Sie mit dem Finger ausführen, wenn Sie eine Nummer wählen, automatisiert sich diese Bewegung. Für die Telefonnummer 159753 zeichnen Sie mit dem Finger ein Kreuz. Wenn Sie dies mehrere Male durchspielen und später vor einem Telefon sitzen, fällt Ihnen vermutlich sofort das Kreuz ein.

Echte Raritäten
Ich geh lautlos um **fünf**
und das auf Strümpf.
Dann schwimm ich im **Sernf**,
das hab ich sehr gern.
Fahr dann schnell nach **Genf**,
sitz im Hemd dort, ess **Senf**.
Jetzt ein Kissen aus **Hanf**,
da lieg ich schön sanft.

Es gibt – man glaubt es kaum! – in der deutschen Sprache tatsächlich nur fünf Wörter, die auf »-nf« enden: Fünf, Senf, Genf, Hanf, Sernf (= ein Schweizer Bach).

UHRENTECHNIK

Bereits morgens können Sie Ihr Gedächtnis stärken. Wenn Sie keine Termine vergessen wollen, dann stellen Sie sich eine riesengroße Bahnhofsuhr, vor und verknüpfen Sie mit viel Phantasie Ihre zu erledigenden Aufgaben und Termine mit den Ziffern der Uhr. »Malen« Sie ein entsprechendes Gedankenbild. Je ungewöhnlicher Ihre Gedankenbilder sind, desto sicherer beginnen Sie den Tag.
Beispiel: Um 10 Uhr treffen Sie sich mit dem Kunden Herrn Wagner. Auf Ihrer Uhr steht neben der 10 entweder Ihr eigener Wagen oder der, von dem Sie schon die ganze Zeit träumen. Um 15 Uhr müssen Sie zum Zahnarzt. Sie plazieren die reizende Sprechstundenhilfe des Zahnarztes oder sich selbst im Zahnarztstuhl neben die 15.

DONNERSTAG

3. Stunde: Deutsch

MO	DI	MI	DO	FR
				Latein
		Politik	Chemie	
	Englisch			Deutsch
Biologie		Mathe	Sport	
	Religion			Englisch
Deutsch		Geschichte	Deutsch	
	Kunst			Französisch
Musik		Physik	Biologie	
	Erdkunde			Astronomie
Mathe		Gesundheit	Gartenpflege	
Hauswirtschaft	Verkehrs-erziehung			

NEUE RECHTSCHREIBUNG

Mit der neuen Rechtschreibung hat sich einiges geändert, und es ist gar nicht so einfach, sich die Veränderungen zu merken.

Alphabet bleibt, wie es ist
Das Alphabet, das ist doch klar,
schreibe weiter mit »ph«.

Viele Fremdwörter werden jetzt mit »f« statt mit »ph« geschrieben. Einige Wörter können jedoch weiterhin mit »ph« geschrieben werden, wie Delphin, Saxophon oder Geographie. Das »ph« in »Alphabet« ist dagegen ein Muss!

Telegraf und Mikrofon
»-graf« und »-fon«
ist neu jetzt schon.

Die Wortbestandteile »-phon«, »-phot« und »-graph« werden in allgemein gebräuchlichen Wörtern oft zu »-fon«, »-fot«, »-graf«.

MACHEN SIE NOTIZEN!
Notieren Sie wichtige Infos groß und deutlich. Unterstreichen Sie, rahmen Sie ein und verwenden Sie unterschiedliche Farben. Sparen Sie nicht am Papier! Je mehr Platz Sie lassen, desto leichter lernen Sie.

SPRECHEN SIE MIT!

Gehören Sie auch zu den Menschen, die oft ver-
zweifelt nach verlegten Sachen suchen? Wenn Sie Ihren
Schlüssel, Ihre Brille oder dergleichen ablegen, dann tun Sie
es in Zukunft bewusst. Sprechen Sie mit und sagen Sie: »Ich
lege den Schlüssel jetzt auf das Sideboard.« Das macht
Ihrem Gehirn deutlich, wie wichtig dieser Aufbewahrungs-
ort ist.

Stengel oder Stängel?
Der Stängel von der Stange,
der macht uns gar nicht Bange.

In der neuen Rechtschreibung werden viele Wörter von ähn-
lichen Begriffen abgeleitet und entsprechend geschrieben. So
wird die Verwandtschaft von »Stängel« mit »Stange« her-
vorgehoben, und dementsprechend in der neuen Rechtschreibung mit »ä« geschrieben (statt wie früher mit »e«).

Känguru
Kakadu und Gnu begrüßen
Panter und Känguru.

Viele Wörter, die früher mit »h« geschrieben wurden, können in der neuen Rechtschreibung ihr »h« verlieren – wie:
Panter und Känguru.

»ttt«
Dreimal »t« in einem Wort –
das ist der neue Lieblingssport.

Nun dürfen in einem Wort drei Konsonanten hintereinanderstehen – so entstehen wunderbar lange Wörter wie: Ballett-
tänzerin, Schifffahrt, Betttuch, Basssänger, Papppaket …

Briefgeheimnisse
»Sie«, »Ihnen« und auch »Ihr«
schreib groß, wie auch das »Bier«.

Während Sie »du«, »dir«, »dein«, »euch« und »euer« jetzt
im Brief kleinschreiben dürfen, wird in der Anrede »Sie, »Ihnen« und »Ihr« weiterhin großgeschrieben.

 HAUSAUFGABE
Bei »Schluss« und »Kuss« ist Schluss mit »ß«! Alle Wörter,
bei denen der Vokal kurz gesprochen wird, werden jetzt
mit »ss« geschrieben. Beispiele: Bass, Hass, nass, kess,
Boss, Ross, Kuss, Schuss, muss, Riss, Biss, …
Erfinden Sie eine spannende/lustige Geschichte, in der
nur Wörter vorkommen, die mit »ss« enden und keine
Wörter mit »ß«. Entscheiden Sie sich also wieder einmal
für eine Seite.

DONNERSTAG

4. Stunde: Biologie

MO	DI	MI	DO	FR
				Latein
			Chemie	
	Englisch	Politik		Deutsch
Biologie			Sport	
	Religion	Mathe		Englisch
Deutsch			Deutsch	
	Kunst	Geschichte		Französisch
Musik			Biologie	
	Erdkunde	Physik		Astronomie
Mathe			Gartenpflege	
	Verkehrs-erziehung	Gesundheit		
Hauswirtschaft				

ALLERLEI BIOLOGISCHES

In der heutigen Biologiestunde geht es um Begriffe wie Fotosynthese, DNA, Mitose usw. Klingt kompliziert? Ist es aber gar nicht …

Erdaltertum
Kämmen, **O**tto, **s**ollst **d**u **k**eine **Per**ücke!

Das Erdaltertum (auch Paläozoikum) ist durch den Zuwachs am Leben im Meer gekennzeichnet. Es wird unterteilt in: **K**ambrium, **O**rdovizium, **S**ilur, **D**evon, **K**arbon und **Per**m.

DNA-Basenpaarung
»A« und »T« sind gerade Buchstaben, während »C« und »G« rund sind.

Die Desoxyribonukleinsäure (kurz DNA oder DNS) ist die Trägerin der Erbinformation. Die vier Basen, die in ihr vorkommen können, heißen Adenin, Thymin, Guanin und Cytosin. Immer zwei Basen – Adenin und Thymin, Guanin und Cytosin – stehen einander gegenüber, sie sind »gepaart«.

Mitose
Ich **p**robiere **m**ontags **a**ktuelle **T**änze.

Die fünf Phasen der Zellkernteilung (Mitose) sind: **I**nterphase, **P**rophase, **M**etaphase, **A**naphase und **T**elophase.

Essenzielle Aminosäuren
Phänomenale **Iso**lde **tr**übt **m**itunter **Leu**tnant **Val**entins **l**üsterne **Tr**äume.

Phenylalanin, Isoleucin, Tryptophan, Methionin, Leucin, Valin, Lysin und Threonin sind lebenswichtige essenzielle Aminosäuren, die dem Körper zugeführt werden müssen, da er sie nicht bilden kann.

Fotosynthese
Aus dem Boden das Wasser, aus der Luft CO_2,
so entsteht Zucker, und Sauerstoff wird frei.

Bei der Fotosynthese wandeln Pflanzen mit Hilfe von Sonnenlicht und Chlorophyll (Blattgrün) Wasser und Kohlenstoffdioxid (CO_2) in Traubenzucker um. Dabei wird Sauerstoff frei.

HAUSAUFGABE
Wissen Sie noch die Phasen des Erdaltertums? Richtig, es sind: Kambrium, Ordovizium, Silur, Devon, Karbon und Perm. Vor dem Erdaltertum steht das Präkambrium. Nach dem Erdaltertum kommt – der Name verrät es – das Erdmittelalter. Dieses gliedert sich in Trias, Jura, Kreide und die Erdneuzeit besteht aus Paläogen, Neogen und Quartär. Finden Sie für die Reihenfolge aller Epochen einen Merkspruch? Falls nicht: Buch umdrehen!

Peter kopiert **Onkel Sven die Kunden**-**Papiere technisch ja klasse** – **passenderweise noch qualitätsbewusst.**

GROSSE PAUSE

»Yeah – Yeah – Yeah«
Joghurt **l**ight, das ist **Pa**usen-**Ca**lcium, **ri**chtig **sta**rk **ge**gen **He**ißhunger.

Die Beatles waren eine der erfolgreichsten Popbands des 20. Jahrhunderts. Ihre Mitglieder waren: **John** Lennon, **P**aul McCartney, **R**ingo **Star**r und **Ge**orge **H**arrison. Bekannt sind sie durch Hits wie »Yesterday« oder »Hey Jude«.

TAGESABLAUFTECHNIK
Merken Sie sich zunächst zu jeder Zahl von 0 bis 9 einen Reim:
Um null schmier ich 'ne Stull.
Um eins kommt der Heinz.
Um zwei fang ich 'nen Hai.
Um drei gibt es Brei.
Um vier spiel ich Klavier.
Um fünf lauf ich auf Strümpf.
Um sechs kommt die Hex.
Um sieben gibt es Rüben.
Um acht spiel ich Schach.
Um neun geht's in die Scheun.
Jetzt können Sie z. B. Telefonnummern bildhaft verbinden und in eine kleine Geschichte packen.
Beispiel: Ihr Chef hat die Nummer: 5 4 3 7 4 8. Er geht auf Strümpfen zum Klavier, isst dort Brei mit roten Rüben, spielt dann Klavier und träumt dabei vom Schachspielen.

DONNERSTAG

5./6. Stunde:
AG Gartenpflege

MO	DI	MI	DO	FR
Biologie	Englisch	Politik	Chemie	Latein
Deutsch	Religion	Mathe	Sport	Deutsch
Musik	Kunst	Geschichte	Deutsch	Englisch
Mathe	Erdkunde	Physik	Biologie	Französisch
Hauswirtschaft	Verkehrs-erziehung	Gesundheit	Gartenpflege	Astronomie

ESELSBRÜCKEN FÜR DEN GARTENFREUND

Bewährtes und Geniales für das ökologische Gärtnern bietet Ihnen dieser Wahlpflichtkurs.

Gegen Ameisen
Zucker mit Petroleum,
Ameis' kehrt schon um.

Ameisen mögen kein Petroleum, und so kann man sie mit zuckerhaltigem Petroleum vertreiben. Stellen Sie kleine Schälchen mit dieser Mischung auf.

Anti-Laus-Mittel
Asche macht der dicksten Laus
auf die Dauer den Garaus.

Wenn man Pflanzen, die von Läusen befallen sind, mit Asche bestreut, gehen die Läuse mit der Zeit zugrunde.

SCHREIBEN SIE IN DIE LUFT!
Schreiben Sie wichtige Infos mit beiden Händen in die Luft, gerne schwungvoll. Das regt Ihr Vorstellungsvermögen an. Außerdem wird durch die gleichzeitige Bewegung das Gedächtnis gestärkt.

LOKALISATIONSTECHNIK

Ein Lokaltermin ist ein Ortstermin, und so geht es bei dieser Lokalisationstechnik darum, die wichtigen Begriffe an bestimmten Orten »aufzuhängen«. Es bietet sich an, mit dem eigenen Wohnzimmer zu beginnen und die zu merkenden Begriffe in Gedanken, in der Phantasie, an die Wände zu malen, in die Ecken zu stellen, auf den Fußboden zu legen, an die Decke oder an bestimmte Gegenstände zu hängen. Der Weg beginnt immer an der Zimmertür und geht dann weiter rechtsherum.

Beispiel: Einkauf. An der Zimmertür ist ein großer Fisch gemalt, die Fenster sind mit Zeitschriften verklebt, in der ersten Ecke steht ein Turm aus Erbsendosen, die Couch ist voller Haferflocken etc.

Richtiger Zeitpunkt

Wenn die Schmetterlinge tanzen,
kannst du draußen pflanzen.

Schmetterlinge tanzen erst, wenn es warm ist. Dann ist auch eine gute Zeit, um Pflanzen zu setzen.

Raupen ade

Tomaten beim Kohl:
Raupen lebt wohl!

Pflanzt man Tomaten zwischen Kohlpflanzen, so haben Raupen keine Chance.

Sellerie gut behandeln
Bitte rupfe nie
ein Blatt vom Sellerie!

Die Blätter vom Sellerie sind wichtig für das Wachstum der Knollen. Daher dürfen sie nicht abgezupft werden.

Richtig säen
Soll der Samen schneller sprießen,
musst du vor dem Säen gießen.

Wenn Sie Samen ausbringen wollen, muss der Boden feucht sein – entweder vom letzten Regen oder Sie nehmen eine/n Gießkanne/Schlauch zur Hand. Auch in den kommenden Wochen sollten Sie regelmäßig, aber sparsam bewässern, damit der Samen aufgehen kann.

HAUSAUFGABE
Fallen Ihnen noch weitere Merksprüche für die Gartenpflege ein? Wenn Sie selbst in der Gartenarbeit noch nicht so firm sind, erfinden Sie doch für die folgenden Infos kleine Zweizeiler:
Ackerschachtelbrühe hilft gegen Pilzerkrankungen, Brennnesseljauche gegen Blattläuse, Schwarzer-Holunder-Jauche gegen Wühlmäuse, Knoblauchbrühe gegen Erdbeermilben und Pilzerkrankungen, Rhabarbertee gegen die Schwarze Bohnenlaus und Zwiebeljauche gegen die Möhrenfliege.

FREITAG

1. Stunde: Latein

S · P · Q · R

MO	DI	MI	DO	FR
				Latein
		Politik	Chemie	
Biologie	Englisch			Deutsch
		Mathe	Sport	
Deutsch	Religion			Englisch
		Geschichte	Deutsch	
Musik	Kunst			Französisch
		Physik	Biologie	
Mathe	Erdkunde			Astronomie
	Verkehrs-erziehung	Gesundheit	Gartenpflege	
Hauswirtschaft				

ALLES »LATEINISCHE DÖRFER«?

»Böhmische Dörfer« sind unbekannte Wissensbereiche. Diese Informationen sind hoffentlich keine »lateinischen Dörfer« für Sie!

Vokabeln leicht gemacht
Die folgende Eselsbrücke enthält neben dem deutschen Wort auch immer gleich die lateinische Entsprechung.

Es ging der **Bauer** »agricola«
mit seiner **Frau** »femina«
über die **Brücke** »pons«
an die **Quelle** »fons«
und schnitt mit seinem »culter«-**Messer**
eine »radix«-**Wurzel** ab.

Präpositionen
Bei Städtenamen, wisst ihr schon,
steht keine Präposition.

Eine Präposition ist ein Verhältniswort, ein Wort zur Bezeichnung der Verhältnisse zwischen den Dingen, z. B.: über, auf, neben, unter. So heißt es z. B. »in mensa« = auf dem Tisch, aber »Romae« = in Rom.

Einmal – zweimal – dreimal – viermal
In die Semmel **bis**s d**er Kater.**

Dieser Merksatz erleichtert das Einprägen der lateinischen
Zahlwörter: »**sem**el« = einmal, »**bis**« = zweimal, »**ter**« =
dreimal, »qu**ater**« = viermal.

»ali-« oder nicht?
Nach »si«, »nisi«, »ne«, »num«, »ubi«, »quando«, »cum«
fällt »ali-« um.

Nach den hier genannten Konjunktionen stehen die Indefi-
nitpronomina (z. B. »aliquis«, »aliqui« …) gewöhnlich ohne
die Vorsilbe »ali-«. So heißt es beispielsweise: »Aliquis dicit.«
= »Irgendjemand sagt.« Aber nach der Konjunktion »si«:
»Si quis dicit.« = »Wenn jemand sagt.«

BAUEN SIE STRESS AB!
Bei Stress schüttet Ihr Körper das Hormon Adrenalin aus. Geschieht das über einen längeren Zeitraum immer
wieder, kann es in der Folge zu Gedächtnisschwierigkeiten,
Konzentrations- und Wahrnehmungsproblemen sowie ver-
minderter Problemlösefähigkeit kommen. Sie können Ihren
Adrenalinspiegel jedoch auch senken, z. B. durch intensive
körperliche Betätigung (Joggen, Holzhacken etc.) und durch
Entspannungsübungen. Machen Sie autogenes Training,
progressive Muskelentspannung, Yoga oder meditieren Sie.
Je entspannter Sie sind, desto besser für Ihr Gedächtnis.

»Geschlechterkampf«

Hier einige Gedichte, mit deren Hilfe Sie sich das Geschlecht von vielen lateinischen Vokabeln merken können.

Auf das Geschlecht gebt ja gut acht,
damit ihr keine Fehler macht!
G'braucht männlich die auf »-or«, »-er«, »-os«
und die auf »-es«, doch diese bloß,
wenn sie in ihrem zweiten Fall
vermehren ihre Silbenzahl.

Ein Beispiel für ein maskulines Wort auf »-es« ist »pes« = der Schritt. Dieses lautet im Genitiv »pedis«, ist also zweisilbig.

Masculinis generis
sind die Wörter all' auf »-nis«:
»mensis«, »orbis«, »sanguis«, »fons«,
»collis«, »lapis«, »piscis«, »mons«,
»sermo«, »ordo«, »leo«, »pons«,
»dens«, »sol«, »grex« und »pulvis«.

Männer, Völker, Flüsse, Wind
und auch die Monat' männlich sind.
Bäume, Inseln, Frauen,
weiblich zu beschauen.

Die Schürzenbänder der Frauen kreuzen sich auf dem Rücken,
folglich sind alle Wörter auf »-x« weiblich.

ÄHNLICHKEIT SCHAFFT VERWIRRUNG

Prägen Sie sich ähnliche Fakten zeitlich und räumlich weit auseinander ein! Lernen Sie z. B. englische und lateinische Vokabeln nicht direkt hintereinander. Je ähnlicher Informationen sind, desto näher werden sie im Gehirn abgespeichert und deshalb später leichter verwechselt.

Zwei Ländernamen sind's auf »-us«,
die ich als weiblich merken muss:
»Aegyptus«, einstens weltbekannt,
»Epirus« dann in Griechenland.
Die Städte und die Inseln alle
mit Endung »-us« im ersten Falle
sind feminini generis.
Die Pelopsinsel nicht vergiss!
Auch »humus« ist ein Feminin –
doch »vulgus« stell zum Neutrum hin.

Neutra sind »cor«, »vas« (Gefäß),
»cadaver«, »iter«, »ver« und »aes«,
»os«/»oris« (Mund), »os«/»ossis« (Bein)
müssen gleichfalls Neutra sein.

HAUSAUFGABE

Wie wäre es mit einer Eselsbrücke zu den wichtigsten Präpositionen, die mit Ablativ stehen: »ab«, »ex«, »de«, »cum«, »sine«, »pro« und »prae«?

FREITAG

2. Stunde: Deutsch

MO	DI	MI	DO	FR
				Latein
		Politik	Chemie	
Biologie	Englisch			Deutsch
		Mathe	Sport	
Deutsch	Religion			Englisch
		Geschichte	Deutsch	
Musik	Kunst			Französisch
		Physik	Biologie	
Mathe	Erdkunde			Astronomie
		Gesundheit	Gartenpflege	
Hauswirtschaft	Verkehrs-erziehung			

GRAMMATIKSTUNDE

Die deutsche Grammatik hat es in sich. Davon können Sie sicherlich auch als Muttersprachler sprichwörtlich »ein Lied singen«. Wie wäre es, wenn Sie dies tatsächlich tun und einige der folgenden Regeln mit einer Ihnen bekannten Melodie unterlegen?

Hier folgt der Genitiv
»Eingedenk«, »begierig«, »kundig«,
»teilhaftig«, »mächtig«, »voll«
hiernach der Genitiv ist pfundig,
was sich jeder merken soll.

Der Genitiv wird im alltäglichen Sprachgebrauch immer stärker durch den Dativ verdrängt. Bei den oben stehenden Worten ist er jedoch notwendig. So heißt es z. B.: »Eingedenk dieser blamablen Vorgeschichte, sollten wir in Zukunft noch genauer planen.«

DISKUTIEREN SIE!
Das richtige Wort zur richtigen Zeit hilft zu überzeugen und bringt Sie Ihrem Ziel in einem Gespräch näher. Wenn Sie diskutieren, kramen Sie in Ihrem Wortschatz und überlegen Formulierungen. Damit angeln Sie auch lange nicht genutzte Begriffe an die Oberfläche und bringen sie vielleicht in neue Zusammenhänge. Nicht nur Ihr Sprachzentrum wird begeistert sein.

KEHREN SIE ZUM »TATORT« ZURÜCK!

Sie kennen sicher die Situation: Sie wollen etwas erledigen, es kommt etwas dazwischen, und Sie wissen nicht mehr, was Sie gerade vorhatten! Kehren Sie dann an den »Tatort« zurück, gehen also in den Raum oder an den Platz, an dem Sie den Gedanken hatten, so kommt die Erinnerung plötzlich wieder. Das ist genau die richtige Methode! Oft reicht es übrigens, sich in Gedanken an den Ursprungsort zu begeben, um die Information wieder hervorzuholen.

Dativ oder Akkusativ?
»An«, »auf«, »hinter«, »neben«, »in«,
»über«, »unter«, »vor« und »zwischen«
stehen mit dem 4. Fall,
wenn man fragen kann »Wohin?«.
Mit dem 3. steh'n sie so,
dass man nur kann fragen »Wo?«.

Bei den oben genannten lokalen Präpositionen muss man etwas nachdenken, bevor klar ist, ob der 3. Fall (Dativ) oder der 4. Fall (Akkusativ) verwendet werden muss. Kann man nach der Nomengruppe mit »Wo?« fragen, gibt sie also einen Ort an, steht der Dativ. So heißt es z. B.: »Er beobachtet die Leute auf der Straße.« und nicht »... auf die Straße.« Umgekehrt steht der Akkusativ, wenn man mit »Wohin?« fragen kann, also durch die Nomengruppe eine Zielrichtung oder ein Zielort angegeben wird. Beispiel: »Er schaut auf die Straße.«

Mit Dativ, bitte
Von AUSBEIMIT nach VONSEITZU
fährst immer mit dem Dativ du.

Nach den Präpositionen »aus«, »bei«, »mit«, »nach«, »von«, »seit« und »zu« ist immer der dritte Fall, also der Dativ gefragt. Beispiele: Mit einer Eselsbrücke fällt das Lernen leichter. Jeder Gärtner sollte nach dem Mondkalender pflanzen. Seit dem vergangenen Jahr bekomme ich mehr Lohn.

Wie fragt man nach dem Dativ?
»Wem« steht auf drei Beinen.

Nach dem **dritten** Fall, also dem Dativ, fragt man mit »Wem?«. Beispiel: Das Haus gehört dem Bürgermeister. – Wem gehört das Haus? – Dem Bürgermeister.
Hier steht also »dem Bürgermeister« im Dativ.

HAUSAUFGABE
Erfinden Sie doch einmal eine Eselsbrücke – vielleicht einen Reim – für Wörter, auf die der Genitiv folgt: hinsichtlich, während, mangels, betreffs.

GROSSE PAUSE

Berühmte Philosophen und ihre Gedanken

Mit Phantasie und der Zahlenmerkworttechnik I (siehe S. 103) können Sie mit einem strukturierten Vortrag über die wichtigsten Philosophen – natürlich in der richtigen zeitlichen Reihenfolge – beeindrucken.

Jean-Jacques Rousseau (1712–1778) sehen Sie unter einem **Apfelbaum** im Paradies Laute spielen. (Der Mensch ist von Natur aus gut! Außerdem wollte Rousseau Musiker werden.) Rousseau setzt eine **Brille** auf, geht in die Schule und erhält Prügel. Daraufhin fährt er mit dem **Dreirad** und einem Revolver um sich schießend in die Welt hinaus. (Der Mensch wird durch Einrichtungen, durch die Zivilisation schlecht.)

Aus einem **Fenster** schaut Immanuel Kant (1724–1804) in einer Staatsanwaltsrobe und jongliert Zahlen mit weißen **Hand**schuhen. (Kant hat u. a. Mathematik studiert und sucht im Menschen nach Gesetzen.) Er verteilt Geschenke an Menschen, die ihm zujubeln und fordert auf, weiterzuschenken. (Kant fordert das Gutsein für sich selbst = kategorischer Imperativ.)

Arthur Schopenhauer (1788–1860) läuft im Medizinerkittel mit einem **Elefanten** hinter Kant her. (Schopenhauer hat u. a. Medizin studiert.) Ohne es zu registrieren – im Dunkeln – gibt er einem Passanten einen **siebenarmigen** Leuchter. Als dieser Mensch erkennbar wird, wird Schopenhauer klar, wie vernünftig sein Handeln war. (Der Wille = das Unbewusste ist der Herr, der Verstand = das Bewusstsein ist der Knecht.)

Thomas Henry Huxley (1825–1895) steigt aus einer **Achterbahn** und stolpert fast über einen Kinderwagen: Darin sitzt ein Baby, das eine Pistole hält. Kurz darauf hält neben dem Kinderwagen ein Polizeiauto. (Die Natur ist grausam. Der Mensch ist von Natur aus schlecht, aber die Zivilisation hat die Situation im Griff.)

ZAHLENMERKWORTTECHNIK II

Wer Schwierigkeiten beim Zahlenmerken hat und seine rechte Gehirnhälfte so richtig in Schwung bringen möchte, erlernt die Zahlenmerkworttechnik II, auch Erko-System genannt. Diese Technik erinnert an eine Geheimschrift mit einem speziellen Code. Sie ist anfangs vielleicht etwas knifflig zu erlernen, doch wenn Sie sie sich einmal erarbeitet haben, können Sie sie variantenreich einsetzen! Zahlen bekommen willkürlich die Bedeutung von Mitlauten:

0	=	S, Z
1	=	T, D
2	=	N
3	=	M
4	=	R
5	=	L
6	=	X (auch: CH, SCH)
7	=	G, K, C
8	=	F, V (auch: PF)
9	=	P, B

Es fehlen alle Vokale. Das hat seinen Sinn, denn nun können Sie mit Hilfe der jeweiligen Konsonanten und beliebig verwendbarer Vokale Zahlen in Wörter umwandeln. Die Konsonanten W, H, Y (denken Sie an das englische »Why«!), Q und J sind Joker, die keine Bedeutung haben und beliebig eingesetzt werden können. Die entstandenen Wörter führen zu phantasievollen Bildern, die Sie – wenn sie im wahrsten Sinne des Wortes »merk-würdig« sind – nie wieder vergessen. Einige Beispiele:

0 = S, Z: **S**ee
1 = T, D: **T**ee
2 = N: **N**oah → hier ist das »H« der Joker und hat keine Bedeutung
3 = M: **M**ao
4 = R: **R**eh → »H« als Joker
5 = L: **L**öwe → Umlaut »Ö« ist als »OE« gedacht, »W« ist ein Joker
6 = X (auch: CH, SCH): He**x**e → »H« als Joker
7 = G, K, C: **K**uh → »H« als Joker
8 = F, V (auch: PF): **F**ee
9 = P, B: **P**o

Diese Liste können Sie nun endlos fortsetzen, auch für mehrstellige Zahlen:

10 = **D**ose	100 = **T**a**ss**e
11 = **T**üte	101 = **T**a**st**e
12 = **T**on	
13 = **D**om	
14 = **T**ür	

Alle Begriffe zu den Zahlen 10 bis 19 beginnen also mit »T« oder »D«, alle Begriffe zu den Zahlen 20 bis 29 mit »N« usw.

Wenn Sie sich z. B. Telefonnummern auf diese Weise einprägen wollen, verbinden Sie das entsprechende Bild bzw. die
Bilder in Gedanken mit der dazugehörenden Person.

Bei Ihrer eigenen Kontonummer oder Bankleitzahl stellen
Sie sich Ihr/e Bild/er am EC-Automaten oder in Verbindung
mit dem Logo Ihrer Bank vor.

Der Vorteil dieser Gedächtnistechnik liegt zum einen darin,
dass Sie mit ihr Phantasie und Kreativität regelrecht trainie-
ren können. Zum anderen ist es möglich, für eine mehrstellige (komplizierte) Zahl nur *einen* Begriff zu finden, beispielsweise »E**s**el**s**br**ü**ck**e**« für 0509477 oder »**Ged**ä**ch**t**n**is**tr**ai-
ning**sb**uch« für 71712014227097.

Ist eine Zahlenreihe zu lang, um sie in ein Wort zu verwandeln oder fällt Ihnen kein Passendes ein, erfinden Sie phantasievolle Sätze oder Geschichten, die Ihr Zahlengedächtnis
optimieren. Beispiel: Die Telefonnummer von Frau Meier ist:
0975 / 82 73 21. Ihr Merksatz hierfür: Frau Meier steht vor
dem **Sp**iegel (0975) und hält einen **F**ö**n** (82) und einen
Ka**mm** (73) in der rechten Ha**nd** (21).

Übrigens: Diese Technik lässt sich natürlich auch umgekehrt
anwenden! So können Sie beispielsweise Passwörter oder
wichtige Begriffe in eine Zahl verwandeln, die Sie sich getrost irgendwo notieren können.

FREITAG

3. Stunde: Englisch

MO	DI	MI	DO	FR
Biologie	Englisch	Politik	Chemie	Latein
Deutsch	Religion	Mathe	Sport	Deutsch
Musik	Kunst	Geschichte	Deutsch	Englisch
Mathe	Erdkunde	Physik	Biologie	Französisch
Hauswirtschaft	Verkehrs-erziehung	Gesundheit	Gartenpflege	Astronomie

ENGLISH GRAMMAR

Wer nur Vokabeln lernt, sich aber die Regeln der Grammatik nicht gut merken kann, wird kaum ein perfektes Englisch sprechen. Deshalb hier ein paar praktische Eselsbrücken:

Simple Present
Was machen wir alle Tage?
Simple Present, keine Frage.

Manchmal ist es schwierig zu unterscheiden, ob im Englischen das Simple Present (z. B. »I go«) oder das Present Progressive (z. B. »I am going«) verwendet wird. Wenn jemand etwas (annähernd) jeden Tag tut, so ist das Simple Present richtig. Es heißt also: She works as a teacher.

Simple Past
»did« plus Grundform ist die Norm,
nach »did« steht nie ’ne Past-Tense-Form.

»Did« ist zwar ein Signalwort für Simple Past, doch die auf es folgenden Verben werden immer in der Grundform verwendet, z. B.: Did he eat?

Simple Past
»Yesterday«, »ago« und »last«
erfordern stets das Simple Past.

Die Signalwörter »yesterday«, »ago« und »last« sind ein Indiz dafür, dass Sie das Simple Past verwenden müssen. Beispiele: Yesterday I wrote a letter. Two minutes ago I talked to Gabriella. Last Friday he lost his umbrella.

Present Perfect
»Never«, »ever«, »yet«, »so far« –
Present Perfect, ist doch klar!

Kommen in einem Satz die Wörter: »never«, »ever«, »yet« oder »so far« vor, müssen Sie das Present Perfect einsetzen. Beispiel: I never have forgotten our wedding day.

Place and time
Place before time.

Eine Ortsangabe (place; z. B. »in the park«) steht immer vor der Zeitangabe (time; z. B. »every Sunday«), ebenso wie im Alphabet das »P« vor dem »T« kommt. Beispiel: They play soccer in the park every Sunday.

ACHTEN SIE AUF IHREN BIORHYTHMUS
Wenn Sie ein »Morgenmuffel« sind und zur frühen Stunde nur schwer in Schwung kommen, versuchen Sie nicht, sich wichtige Informationen am Morgen oder nur am Morgen einzuprägen. Das kostet zu viel Energie, die Ihnen dann für andere Leistungen fehlt.

TRAINIEREN SIE IHRE ORIENTIERUNG!

Der Orientierungssinn hängt vom räumlichen Vorstellungsvermögen ab. Auch das räumliche Vorstellungsvermögen, das bei vielen männlichen Gehirnen besser ausgeprägt ist, kann trainiert werden. Machen Sie einen Bummel oder eine Fahrt durch eine Stadt, die Sie noch nicht kennen, und merken Sie sich möglichst viele Dinge am Rande des Weges, die Anzahl der Kreuzungen, der Straßenkurven; halten Sie zwischendurch an und stellen Sie sich den Straßenabschnitt mit vielen Einzelheiten in Gedanken vor. Wetten, dass Sie bei der nächsten Urlaubsfahrt an einen unbekannten Ort schon deutlich entspannter sein werden?

Den Vortritt lassen
»Sometimes«, »always«, »never«, »just«,
stets nur vor das Zeitwort passt.

Diese vier Signalwörter stehen immer *vor* einem Verb (auch Zeitwort genannt). So heißt es: She never will fly to the moon.

Dritte Person Singular
»He«, »she«, »it« – ein »s« muss mit.

In der dritten Person Einzahl wird im Englischen Simple Present an das Verb immer ein »s« angehängt (was von Nicht-Muttersprachlern gerne vergessen wird …). Beispiel: She reads a book.

»When« und »if«
»Falls« hat wie das »if« ein »f«.

Oft verwechselt ein Englischlernender die Bedeutungen von »when« und »if«. Wenn Sie im Deutschen auch »falls« sagen können, nehmen Sie im Englischen »if«. Beispiel: If you are too lazy at school, you won't pass your A-levels.

»Who?« und »do«
With »who«
never »to do«.

In Fragen mit »who« wird keine Umschreibung mit »do« gebraucht. Beispiel: Who knows »The Beatles«?

. . . .

! AUFGEKLÄRT!
Eine Ausnahme der Eselsbrücke ist die wütende Frage: »Who do you think you are?« Andere Ausnahmen sind möglich.

. . . .

Since or for?
Bei »since« ist ein Punkt auf dem »i«.
Bei »for« dehnt sich der Raum im »o«.

»Since« wird gebraucht, wenn es um einen Zeitpunkt geht. Bei »for« geht es um einen Zeitraum. Beispiele: Since when do you know Ursula? – Since 1984 (= ein Zeitpunkt).
Aber: For how long do you intend to stay here in the hotel? – For two weeks (= ein Zeitraum).

»Much« und »many«

Lassen sich Nomen zählen,
»many« wählen!

»Many« wird für zählbare Dinge verwendet, wie Steine = »stones«. So kann man sagen: ein Stein, zwei Steine, drei Steine... »Much« hingegen wird für Substantive gebraucht, die nicht zählbar sind, wie Geld = »money«. Beispiel: He found many little stones and he got much money.

HAUSAUFGABE

Die Satzstellung im Englischen folgt einer festen Reihenfolge, nämlich: **S**ubject (Subjekt), **P**redicate (Prädikat), **O**bject (Objekt), **M**anner (Art und Weise), **P**lace (Ort) und **T**ime (Zeit) – gut zu merken mit dem Kunstwort **SPOMPT**. Beispiel: The boy reads books very slowly in the kitchen on Sunday.

Finden Sie einen einprägsamen deutschen Satz, in dem jedes Wort mit dem entsprechenden Buchstaben (SPOMPT) beginnt? Wenn Ihnen nicht gleich etwas Passendes einfällt, drehen Sie das Buch wieder einmal um.

Sabine parkt ohne Mühe Philipps Traktor.

FREITAG

4. Stunde: Französisch

MO	DI	MI	DO	FR
				Latein
		Politik	Chemie	
Biologie	Englisch			Deutsch
		Mathe	Sport	
Deutsch	Religion			Englisch
		Geschichte	Deutsch	
Musik	Kunst			Französisch
		Physik	Biologie	
Mathe	Erdkunde			Astronomie
	Verkehrs-erziehung	Gesundheit	Gartenpflege	
Hauswirtschaft				

BONJOUR MESDAMES ET MESSIEURS

In dieser Französischstunde erhalten Sie Merkhilfen für die
Rechtschreibung und für die Grammatik dieser melodischen
Sprache.

Ein Dach bauen
Ein Hotel (= »hôtel«) und ein Krankenhaus (= »hôpital«) brauchen immer ein Dach.

Das »Dach« auf dem »o« bei »hôtel« und »hôpital« nennt
man Zirkumflex. Der Zirkumflex steht oft für den Ausfall
eines altfranzösischen »s«. Beispiel: Aus dem alten »estre«
wurde im Laufe der Zeit »être«.

»Ou« oder »où«?
Auf der »Oder« schwimmt kein Graf.

Dank dieses Wortspiels werden Sie nie wieder vergessen, wie
»òu« = »Wo?« bzw. »ou« = »oder« geschrieben werden.
Letzteres Wort trägt nämlich keinen accent grave (also quasi
keinen »Grafen« …).

Geschlecht: weiblich
In Omas Nachttischchen

Alle auf »-ion« endenden Wörter sind weiblich! Beispiele:
tradition, correction, tension, nutrition.

NUTZEN SIE ALLE SINNE!
Wenn Sie Informationen über mehrere Sinneskanäle aufnehmen, gelangen sie nicht nur leichter und sicherer ins Arbeitsgedächtnis, sondern auch ins Langzeitgedächtnis. Wenn Sie z. B. die Vokabeln für Messer, Gabel etc. lernen, nehmen Sie die Gegenstände in die Hand und »begreifen« sie. Wenn Sie lernen, was z. B. Petersilie oder Seife auf Französisch heißt, dann fühlen und riechen Sie diese Dinge.

1, 2, 3 ...
Un, deux, trois,
je m'en vais au bois.
Quatre, cinq, six,
cueillir des cerises.

Mit diesem Spruch lernt man die ersten Zahlen im Französischen sehr leicht: un/une = eins, deux = zwei, trois = drei, quatre = vier, cinq = fünf, six = sechs.

Imparfait, bitte
Bei »pendant que« kein Problem,
stets Imparfait, sehr angenehm!

Die Präposition »pendant que« heißt »während« und ist ein Signalwort für das Imparfait. Beispiel: Pendant qu'elle dormait je faisais un gâteau.

ZEIT SPAREN!

Was glauben Sie, wie lange brauchen Sie, um sich
30 Vokabeln zu merken, wenn Sie 15 Vokabeln in 10 Minuten lernen? Die doppelte Zeit meinen Sie? Weit gefehlt! Sie
brauchen die dreifache bis vierfache Zeit.

Fazit daraus: Lernen Sie nicht 30 Vokabeln auf einmal, sondern teilen Sie die Vokabelmenge in kleine Portionen (5, 10
oder 15 Vokabeln) ein.

Se – se – se – se

»Se coucher« heißt »ins Bett gehen«,
»se lever« heißt »früh aufstehen«,
»se fier à« heißt »einem trauen«,
»se défier de« weckt »Misstrauen«.

Mit diesen gereimten Zeilen können Sie sich diese vier Tätigkeiten (samt Präpositionen) merken.

HAUSAUFGABE

Finden Sie für diese Vokabeln eine Merkhilfe: Alle auf
»-age« endenden Wörter sind männlich, außer »la cage«,
»l'image«, »la page«, »la plage«, »la rage« und »la
nage«.

GROSSE PAUSE

Schutz vor dem Blitz?
Buchen sollst du suchen,
Eichen musst du weichen,
zu den Fichten flieh mitnichten,
Weiden sollst du meiden
und Linden dafür finden.

AUFGEKLÄRT!
Diese Eselsbrücke hält sich leider hartnäckig, ist aber lebensgefährlich: So werden Blitze von hohen Gegenständen, Pflanzen etc. angezogen. Sie sollten bei Gewitter also jedweden Baum meiden, vor allem, wenn er frei steht!

Brief falten
Nach unten, was gefaltet,
wird oben nicht gespaltet.

Ein Brief, der mit der gefalteten Seite nach unten in den Umschlag gesteckt wird, wird beim Öffnen nicht zerschnitten.

Zeitumstellung leicht gemacht
Im Eissalon werden die Stühle im **Frühjahr vor** den Salon gebracht und im **Herbst wieder zurück** ins Haus.

Die Uhr wird im **Frühjahr** eine Stunde **vor**gestellt und im **Herbst** eine Stunde **zurück**.

TERMINTECHNIK

Wenn Sie in Zukunft keinen Termin mehr vergessen
wollen, stellen Sie sich zunächst in Anlehnung an das Erko-
System (das ist eine Hilfe, um sich Zahlen und Zahlenfolgen
zu merken, siehe S. 145) für 12 Stunden 12 Tätigkeiten vor.

1	=	T		1	=	**t**rinken
2	=	N		2	=	**n**ähen
3	=	M		3	=	**m**usizieren
4	=	R		4	=	**r**ätseln
5	=	L		5	=	**l**achen
6	=	SCH		6	=	**sch**lafen
7	=	G		7	=	**g**eigen
8	=	F		8	=	**f**otografieren
9	=	B		9	=	**b**acken
10	=	T + S		10	=	**T**iere **s**treicheln
11	=	T + T		11	=	**T**on **t**öpfern
12	=	T + N		12	=	**T**orte **n**aschen

Wenn Sie sich diese Bilder eingeprägt haben, können Sie
Ihre Termine und Erledigungen phantasievoll mit diesen Tätigkeiten verbinden. Beispiel: Um 9 Uhr müssen Sie Ihr Auto
in die Werkstatt bringen – in Gedanken backen Sie für den
Werkstattmeister einen Kuchen.

FREITAG

5./6. Stunde: AG Astronomie

MO	DI	MI	DO	FR
				Latein
		Politik	Chemie	
Biologie	Englisch			Deutsch
	Religion	Mathe	Sport	
Deutsch				Englisch
	Kunst	Geschichte	Deutsch	
Musik				Französisch
	Erdkunde	Physik	Biologie	
Mathe				Astronomie
Hauswirtschaft	Verkehrs-erziehung	Gesundheit	Gartenpflege	

ASTRONOMIE UND ASTROLOGIE

Die Astronomie ist die Wissenschaft von den Gestirnen und vom Aufbau des Weltalls. Die Astrologie hingegen ist die mystische Deutung der Stellung bestimmter Himmelskörper – mit einem Hang zur Esoterik.

Tierkreiszeichen

Wider zweifelnde **Krebse** und wilde **Löwen** stellt sich die **Jungfrau**. Vor **Skorpionen schützen Steinböcke**, die im **Wasser Fische** fangen.

Die 12 Tierkreiszeichen (auch Sternzeichen genannt) sind: **Steinbock** 22.12.–20.1., **Wassermann** 21.1.–19.2., **Fische** 20.2.–20.3., **Wid**der 21.3.–20.4., **Stier** 21.4.–20.5., **Zwillinge** 21.5.–21.6., **Krebs** 22.6.–22.7., **Löwe** 23.7.–23.8., **Jungfrau** 24.8.–23.9., **Waage** 24.9.–23.10., **Skorpion** 24.10.–22.11., **Schütze** 23.11.–21.12.

AUF DIE VERPACKUNG KOMMT ES AN!
Verpacken Sie einen neuen Inhalt mit altem, vertrautem Wissen. Verknüpfen Sie neue Informationen mit bekannten Informationen. Unterlegen Sie z.B. eine neue Information mit einer bekannten Melodie.

Unser Sonnensystem
Mein **V**ater **er**klärt **m**ir **j**eden **S**onntag **u**nsere **ne**un **Pl**aneten.

Die Reihenfolge der Planeten unseres Sonnensystems mit zunehmender Entfernung von der Sonne heißen: **M**erkur, **V**enus, **E**rde, **M**ars, **J**upiter, **S**aturn, **U**ranus, **N**eptun (und **Pl**uto).

··

AUFGEKLÄRT!
Pluto gehört seit 2006 offiziell nicht mehr zu unserem Planetensystem. Die Internationale Astronomische Union hat beschlossen, dass Pluto jetzt ein Zwergplanet ist. Ein neuer Merkspruch ist also nötig! Wie wäre es z. B. mit: Mein Vater erklärt mir jeden Sonntag unseren Nachthimmel?!

··

Mondphasen
Nimmt der Mond zu, zeigt er dir dein **D**u.

Bei zunehmendem Mond wird die rechte Hälfte zuerst hell. Das ähnelt dem Buchstaben »**D**«.

Der Mond zieht an
Auf der Erde noch so schwer,
auf dem Mond nur'n Sechstel Ehr.

Durch die geringe Mondanziehungskraft wiegen die Gegenstände auf dem Mond nur ein Sechstel ihres Gewichtes auf der Erde.

SPIEGELTECHNIK

Wenn Sie keinen Einkaufszettel schreiben und Ihre/n Partner/in oder Ihre/n Freund/in mit Ihrem Supergedächtnis beeindrucken wollen, dann versuchen Sie doch mal die Spiegeltechnik.

Sie stehen zunächst vor einem großen Spiegel, und Ihr Spiegelbild bringt Sie zum Lachen. Auf dem Kopf – kunstvoll drapiert – ein Kopfsalat. Um Ihren Hals sind viel zu weich gekochte Spaghetti geschlungen und Ihren weißen Pullover haben Sie mit Tomatenketchup bekleckert. Der Pullover hat ein Lochmuster und aus jedem Loch schauen Pommes frites. Um Ihre Arme sind jeweils zwei Rouladen gewickelt, in der einen Hand halten Sie ein Glas Senf, in der anderen Hand ein Glas Gewürzgurken. Weil Sie nicht aufgepasst haben, ist auf jedem Hosenbein ein Becher Joghurt gelandet. Zum Schluss schauen Sie auf Ihre nackten Füße. Zwischen den Zehen des rechten Fußes sprießt Schnittlauch, während zwischen den Zehen des linken Fußes Petersilie gedeiht.

Wenn Sie dieses Spiegelbild genau vor sich sehen, brauchen Sie den Einkaufszettel nur, um sich an der Kasse noch einmal zu vergewissern, dass die Phantasie Ihnen keinen Streich gespielt hat.

Himmelsrichtungen
Nie **o**hne **S**eife **w**aschen!

Die Anfangsbuchstaben dieser Wörter ergeben die Reihenfolge der Himmelsrichtungen: **N**orden, **O**sten, **S**üden und **W**esten.

Lauf der Sonne
Im Osten geht die Sonne auf,
im Süden steigt sie hoch hinauf.
Im Westen wird sie untergehn,
im Norden ist sie nicht zu sehn.

Ein sehr beliebter Merksatz, mit dem Sie sich einprägen, wann die Sonne in welcher Himmelsrichtung steht.

Nordpol und Südpol
Roter Norden und grüner Süden

Auf dem Magnetkompass sind die Pole farbig gekennzeichnet. Der Nordpol ist rot, der Südpol grün.

 HAUSAUFGABE
Nachdem Sie nun ein Profi im Merken und Herstellen von Eselsbrücken geworden sind, kreieren Sie zum Schluss einen Merkspruch für die Monde des Saturn: Pan, Atlas, Prometheus, Pandora, Janus, Epimetheus, Mimas, Enceladus, Tethys, Calypso, Telesto, Dione, Helene, Rhea, Titan, Hyperion, Iapetus und Phoebe.

DER GROSSE ABSCHLUSSTEST

zum Erwerb des »EBI« = der Eselsbrücken-Reife

Haben Sie Lust, sich nun an einen kleinen Test heranzuwagen? Eine Woche lang sind Sie »Tag für Tag« zum »Eselsbrücken-Unterricht« gegangen. Sicher konnten Sie viel altes Wissen wieder hervorholen und auch einige neue Entdeckungen machen.

Mit diesen Fragen bekommen Sie nun die Möglichkeit, Ihr Gedächtnis unter Beweis zu stellen und das EBI, die »Eselsbrücken-Reife« zu erhalten. Also – wie heißt es so schön bei Horaz: »Frisch gewagt ist halb gewonnen!«

Es wird ernst: die Fragen

1. Dürfen im Deutschen drei Konsonanten hintereinanderstehen?
2. Wann gebraucht man im Deutschen »wider« und »wieder«?
3. Was sagt Ihnen die »Bettregel«?

4. Kennen Sie die Systematik nach Linné?
5. Können Sie die Meisenarten nennen?
6. Welche Phasen gibt es bei der Zellkernteilung?

7. Was wissen Sie über die lateinische Endung »-x«?
8. Steht bei Städten im Lateinischen eine Präposition?
9. Welches Geschlecht haben im Lateinischen Monate und Flüsse?

10. Was wissen Sie über Kathode und Anode?
11. Wie sieht eine konvexe Linse aus?
12. Wie heißt die Formel für elektrische Leistung?

13. Nennen Sie sieben Donauzuflüsse.
14. Wie heißen die sechs größten deutschen Städte?
15. Wo entspringt die Weser?

16. Was wissen Sie über das Kürzen von Brüchen?
17. Kennen Sie die Formel für das Volumen der Kugel?
18. Was sagt Ihnen die Abkürzung KLAVOJE?

19. Was wissen Sie über Säure und Wasser?
20. Welche Zuckerarten gibt es?
21. Wie heißt die Formel für Alkohol?

22. Wann wurde die Bundesrepublik gegründet?
23. Wann kam es zum Dreißigjährigen Krieg?
24. Wann war die Varus-Schlacht im Teutoburger Wald?

25. Wie lautet die Reihenfolge der Geigensaiten?
26. Wie heißen die Gitarrensaiten?
27. Wie heißen die Zwischentöne, die Noten zwischen den Linien?

28. Welche Signalwörter für das Simple Past kennen Sie?
29. Fallen Ihnen ein paar Pluralregeln im Englischen ein?
30. Wann benutzen Sie »much« und wann »many«?

31. Wie heißen die Paulusbriefe des Neuen Testaments?
32. Welche Eselsbrücke kennen Sie zu Luthers Lebensdaten?
33. Welches sind die Symbole der vier Evangelisten?

34. Wann wird im Französischen »où« verwendet, und wann »ou«?
35. Welches Geschlecht haben im Französischen Wörter auf »-ion«?
36. Welche Zeitform müssen Sie im Französischen nach »pendant que« verwenden?

37. Welches sind die fettlöslichen Vitamine?
38. Auf welche Lebensmittel sollten Sie bei Rheuma besser verzichten?
39. Welche Heilpflanze hilft bei Halsweh?

40. Was wissen Sie über die Mondanziehungskraft?
41. Was wissen Sie über das Aussehen des Mondes bei zunehmendem Mond?
42. Kennen Sie alle Planeten unseres Sonnensystems?

43. Was hilft gegen Ameisen?
44. Wie vertreiben Sie Blattläuse?
45. Was können Tomaten neben Kohl bewirken?

46. Wie können Sie dafür sorgen, dass Salz in Streuern oder kleinen Fässchen nicht verklumpt?

47. Mit welchem Hausmittel können Sie weiße Klaviertasten reinigen?
48. Wie wird Sahne besonders gut steif?

49. Kennen Sie typische Stilelemente der Architektur der Romantik?
50. Welche Künstler gehören zum »Blauen Reiter«?
51. Welche Farbenpaare bilden Komplementärfarben?

Lösungen

1. Ja, dürfen sie! (siehe S. 126) **8 P**
2. »Wider« heißt »dagegen«, »wieder« bedeutet, dass etwas mehrmalig passiert. (siehe S. 20) **2 P**
3. Eine Regel auch fürs Bett: Nach »ei«, »au«, »eu« steht nie »tz«. (siehe S. 21) **3 P**

4. Die Systematik nach Linné: Reich, Stamm, Klasse, Ordnung, Familie, Gattung, Art. (siehe S. 16) **7 P**
5. Die heimischen Meisenarten sind: Blaumeise, Bartmeise, Nonnenmeise, Haubenmeise, Beutelmeise, Schwanzmeise, Spechtmeise, Kohlmeise, Sumpfmeise, Tannenmeise, Weidenmeise. (siehe S. 15) **6 P**
6. Die fünf Phasen der Mitose: Interphase, Prophase, Metaphase, Anaphase und Telophase. (siehe S. 128) **5 P**

7. Alle Wörter mit dieser Endung sind weiblich. (siehe S. 138) **2 P**
8. Nein. (siehe S. 136) **2 P**
9. Sie sind männlich. (siehe S. 138) **5 P**

10. Die Kathode ist eine negative Elektrode, die Anode ist eine positive Elektrode. (siehe S. 99)   **2 P**

11. Sie ist nach außen gewölbt. (siehe S. 101)   **2 P**

12. Leistung P = Spannung I · Stromstärke U. (siehe S. 98)   **4 P**

13. Iller, Lech, Isar, Inn, Altmühl, Naab und Regen. (siehe S. 62)   **7 P**

14. Berlin, Hamburg, München, Köln, Frankfurt und Essen. (siehe S. 65)   **7 P**

15. Die Weser entspringt nicht, sondern entsteht aus dem Zusammenfluss von Werra und Fulda! (siehe S. 62)   **3 P**

16. Differenzen und Summen dürfen in Brüchen nicht gekürzt werden! (siehe S. 82)   **2 P**

17. Kugelvolumen V = $\frac{4}{3}\pi \cdot r^3$. (siehe S. 33)   **3 P**

18. KLAVOJE = Klammer kommt vor jeder Rechnung. Dies bedeutet, dass in einer Rechenaufgabe immer zuerst die Klammern ausgerechnet werden. (siehe S. 81)   **3 P**

19. Man sollte immer Säure ins Wasser gießen und nicht umgekehrt, da sich sonst leicht große Hitze bilden kann. (siehe S. 111)   **2 P**

20. Die einfachen Zuckerarten sind: Allose, Altrose, Glucose, Mannose, Gulose, Idose, Galactose und Talose. (siehe S. 114)   **4 P**

21. C_2H_5OH. (siehe S. 114)   **6 P**

22. 1949. (siehe S. 74)   **3 P**

23. 1618. (siehe S. 92)   **3 P**

24. 9 n. Chr. (siehe S. 89)   **4 P**

25. G D A E. (siehe S. 26) **4 P**
26. E A D G H E. (siehe S. 26) **6 P**
27. F A C E. (siehe S. 28) **4 P**

28. »Yesterday«, »ago« und »last«. (siehe S. 150) **3 P**
29. Es pluralt ja der Englischmann mit schlichtem »s« so lang er kann. Dem Zischlaut nur tut's »s« so weh, drum dann im Plural nimm ein »e«. (siehe S. 46) **4 P**
30. »Many« wird für zählbare Nomen verwendet, »much« für unzählbare. (siehe S. 153) **2 P**

31. Die wichtigsten Paulusbriefe sind: Römer, Korinther, (1+2), Galater, Epheser, Philister, Kolosser und Thessalonicher (1+2). (siehe S. 52) **7 P**
32. 17 vor und 17 nach sind dem Luther seine Tach. D. h. also, dass Luther 17 Jahre vor 1500 geboren wurde (= 1483) und 17 Jahre nach 1500 die 95 Thesen anschlug. (siehe S. 52) **4 P**
33. Matthäus = Engel, Markus = Löwe, Lukas = Stier, Johannes = Adler. (siehe S. 51) **4 P**

34. »Ou« bedeutet »oder«, »où« heißt »Wo?« (siehe S. 155) **2 P**
35. Sie sind weiblich. (siehe S. 155) **2 P**
36. Das Imparfait. (siehe S. 156) **2 P**

37. Die Vitamine A, D, E und K. (siehe S. 108) **4 P**
38. Auf Milchprodukte. (siehe S. 107) **2 P**
39. Ganz klar: Salbei. (siehe S. 106) **2 P**

40. Sie ist geringer als die auf der Erde, daher wiegen Gegenstände auf dem Mond nur ein Sechstel ihres Gewichtes auf der Erde. (siehe S. 162) **2 P**

41. Bei zunehmendem Mond ähnelt seine Form dem Buch-
    staben »D«. (siehe S. 162)   **2 P**
42. Merkur, Venus, Erde, Mars, Jupiter, Saturn, Uranus und
    Neptun. (siehe S. 162)   **8 P**

43. Zuckerhaltiges Petroleum. (siehe S. 132)   **2 P**
44. Mit Asche. (siehe S. 132)   **2 P**
45. Dass der Kohl von Raupen befallen wird. (siehe S. 133) **2 P**

46. Indem Sie ein paar Körner Reis zugeben. (siehe S. 38) **5 P**
47. Mit etwas lauwarmer Milch. (siehe S. 40)   **2 P**
48. Wenn Sie der Sahne etwas Zitronensaft beigeben. (siehe
    S. 37)   **2 P**

49. Das Würfelkapitell. (siehe S. 57)   **4 P**
50. Wassily Kandinsky, Franz Marc, August Macke, Alexej
    von Jawlensky, Gabriele Münter, Marianne von Werefkin,
    Heinrich Campendonk und Paul Klee. (siehe S. 58)   **8 P**
51. Blau und Orange, Rot und Grün, Gelb und Violett. (siehe
    S. 59)   **4 P**

Auswertung

Zählen Sie die Punkte für alle Ihre richtigen Antworten zusammen und vergleichen Sie Ihr Ergebnis mit der unten stehenden Tabelle.

190–170 Punkte:	Sie sind spitze! Eine ausgezeichnete Leistung! Das gibt eine 1*.
169–130 Punkte:	Sie gehören zu den guten »Schülern«. Bravo!
129–90 Punkte:	Sie können mit Ihrem Gedächtnis zufrieden sein.
89–50 Punkte:	Ein paar Lücken haben Sie noch – vielleicht lesen Sie bei einigen Fächern noch einmal nach?
< 50 Punkte:	Beim nächsten Mal klappt's sicher! Nehmen Sie sich einfach das Buch noch einmal vor – und beherzigen Sie doch in Ihrem Alltag den einen oder anderen Gedächtnistipp.

Weitere Bücher von Ursula Oppolzer

Verflixt, das darf ich nicht vergessen! Band 1, 2 und 3. Humboldt, Hannover 2009

Verflixt! 100 Gedächtnisspiele. Humboldt, Hannover 2009

Das große Brain-Fitness-Buch. Humboldt, Hannover 2008

Super lernen. Humboldt, Hannover 2008

Verflixt, das darf ich nicht vergessen! Die 50er Jahre. Humboldt, Hannover 2007

Verflixt, wie lerne ich das? Humboldt, Hannover 2007

Kopfsalat und Glühbirne. Verflixt, was ist denn das? Humboldt, Hannover 2006

Gedächtnistraining für Kids. Verflixt, wer war's? Humboldt, Hannover 2004

Bewegte Schüler lernen leichter. Borgmann Publishing, Dortmund 2003

Register